FRU INGER TIL ØSTRÅT

Henrik Ibsen

Fru Inger til Østråt
Copyright © JiaHu Books 2014
First Published in Great Britain in 2014 by Jiahu Books – part of Richardson-Prachai Solutions Ltd, 34 Egerton Gate, Milton Keynes, MK5 7HH
ISBN: 978-1-78435-031-4
Conditions of sale
All rights reserved. You must not circulate this book in any other binding or cover and you must impose the same condition on any acquirer.
A CIP catalogue record for this book is available from the British Library
Visit us at: jiahubooks.co.uk

PERSONERNE	5
FØRSTE AKT	7
ANDEN AKT	31
TREDJE AKT	52
FJERDE AKT	74
FEMTE AKT	96

PERSONERNE

FRU INGER OTTISDATTER RØMER, rigshovmester Nils Gyldenløves enke.
ELINE GYLDENLØVE, hendes datter.
RIGSRÅDEN NILS LYKKE, dansk ridder.
OLAF SKAKTAVL, en fredløs norsk adelsmand.
NILS STENSSØN.
HERR JENS BJELKE, svensk befalingsmand.
BJØRN, kammersvend på Østråt.
HUSTJENEREN FINN.
GÅRDSFOGDEN EJNAR HUK.
HUSFOLK, BØNDER og ***SVENSKE KRIGSKNÆGTE.***

(Handlingen foregår på herresædet Østråt ved Trondhjemsfjorden i året 1528.)

FØRSTE AKT.

(En stue på Østråt. Gennem den åbne dør i baggrunden ses riddersalen i svagt månelys, som fra og til streifer ind gennem et dybt buevindu på den modsatte væg. Til højre udgangsdør; foran samme et vindu med forhæng. På venstre side en dør, som fører ind til de indre værelser; nærmere mod forgrunden et stort åbent ildsted, der belyser stuen. Det er stormfuld aften.)

(Kammersvenden Bjørn og hustjeneren Finn sidder ved ildstedet. Den sidste er beskæftiget med at afpudse en hjelm. Forskellige våbenstykker, et sværd og et skjold ligger ved siden af dem.)

FINN *(efter et ophold)*
Hvem var Knut Alfsøn?
BJØRN.
Herskabet siger, han var Norges sidste riddersmand.
FINN.
Og Danskerne fældte ham jo i Oslo-fjord?
BJØRN.
Spørg en femårs gut, ifald du ikke véd det.
FINN.
Så Knut Alfsøn var altså vor sidste riddersmand? Og nu er han død og borte!
(idet han holder hjelmen ivejret.)
Ja, så kan du gerne finde dig i at hænge blank og pudset i riddersalen; for nu er du ikke andet end en tom nøddeskal; kernen—den har ormene ædt for mange vintre siden.
Hør, du Bjørn,—kunde en ikke sige, at Norges land også er slig en tom nøddeskal, ligervis som hjelmen her; blank udenpå, ormstukken indeni?
BJØRN.
Hold kæft og pas din dont!—Er hjelmen færdig?

FINN.
Den skinner som sølv i måneskin.
BJØRN.
Så sæt den væk. —Se der; skrab gravrusten af sværdet.
FINN. *(vender og drejer på det.)*
Men kan det lønne sig?
BJØRN.
Hvad mener du?
FINN.
Eggen er borte.
BJØRN.
Kommer ikke dig ved. Lad mig få det. —Se der er skjoldet.
FINN *(som før)*
Det mangler håndgrebet, du!
BJØRN *(mumler)*
Ja, gid jeg så sandt havde et håndgreb i dig, som—
FINN
(nynner en stund for sig selv).
BJØRN.
Hvad er det nu?
FINN.
En tom hjelm, et sværd uden egg, et skjold uden håndgreb,—se, det er hele herligheden. Jeg tror, ingen skal kunne laste fru Inger, fordi hun hænger slige våbenstykker pudsede på salsvæggen, i stedet for at lade dem rustne i Daneblod.
BJØRN.
Ej, snak; vi har jo fred i landet, véd jeg.
FINN.
Fred? Ja, når bonden har skudt væk sin sidste pil, og ulven har stjålet hans sidste lam ud af fjøset, så holder de også fred sig imellem. Men det er nu sådant et underligt venskab. Nå, nå; lad den ting fare. Det er ganske rimeligt, som jeg sagde, at rustningen hænger blank i salen; for du kender vel det gamle ord: "kun riddersmanden er en mand";—og da vi nu ikke længer har nogen riddersmand hertillands, så har vi altså heller ingen mand; og hvor der ingen mand er, *der*får kvinden råde; se, derfor—
BJØRN.
Derfor—derfor råder jeg dig at holde inde med al den rådne

snak.
(han rejser sig.)
Det lakker udover kvelden. Se der; du kan hænge hjelm og plade ind i salen igen.
FINN *(dæmpet)*
Nej, lad det heller være til imorgen.
BJØRN.
Nå, du er vel aldrig mørkræd?
FINN.
Ikke om dagen. Skulde det hænde sig, at jeg var det ved kveldstid, så er jeg ikke alene om det. Ja, du ser på mig; men du skal vide, nede i borgestuen går der snak om så mangt og meget.
(sagtere.)
Der er en og anden, som mener, at der vandrer en stor sortklædt skikkelse *der inde* hver evige nat.
BJØRN.
Kærringsladder!
FINN.
Ja, men de bander allesammen på at det er sandt.
BJØRN.
Det tror jeg nok.
FINN.
Det forunderligste er, at fru Inger har den samme mening—
BJØRN *(studsende)*
Fru Inger? Nå, hvad mener hun?
FINN.
Hvad fru Inger mener? Ja, se, det er der nok ikke mange som véd. Men visst er det, at hun har ingen ro på sig. Kan du ikke se at hun blir blegere og magrere dag for dag?
(med et forskende øjekast)
Folkene siger, at hun aldrig sover,—og at det er for spøgelsets skyld—
(Under de sidste ord er Eline Gyldenløve trådt frem i den halvåbne dør til venstre. Hun stanser og lytter uden at bemærkes.)
BJØRN.
Og slig dumhed tror du på?

FINN.
Ja, så halvvejs. Der er ellers de, som udlægger den ting på en anden måde. Men se, det er nu bare ondskab. —Hør, du Bjørn,— kender du visen, som går landet rundt?
BJØRN.
En vise?
FINN
Ja, den er i folkemunde. Det er en skammelig nidvise; det forstår sig. Men den går ret artigt for resten. Hør nu bare efter.
(han synger med dæmpet stemme:)
Fru Inger sidder på Østråt gård;
hun er vel svøbt i skind.
Hun er vel svøbt i fløjel og mård;
hun fletter de røde guldperler i hår,—
men har ikke fred i sit sind.
Fru Inger har solgt sig til Danskens drot
Hun skikker sit folk i fremmedes vold,
som vederlag—
(Bjørn griber ham forbitret i brystet. Eline Gyldenløve trækker sig ubemærket tilbage.)
BJØRN.
Og jeg skal skikke dig djævelen i vold uden vederlag, dersom du mæler et uhøvisk ord til om fru Inger!
FINN *(idet han river sig løs)*
Nå, nå,—er det *mig*, der har gjort visen?
(Et horn høres udenfor til højre.)
BJØRN.
Hys,—hvad er det?
FINN.
Et horn. Så får vi nok gæster ikveld.
BJØRN *(ved vinduet)*
De åbner porten. Jeg hører hovslag i borggården. Det må være en riddersmand.
FINN.
En riddersmand? Det kan det vel neppe være.
BJØRN.
Hvorfor ikke?
FINN.
Selv har du sagt det: vor sidste riddersmand er død og borte.

(han går ud til højre.)
BJØRN.
Den forbandede skelm,—han har øjnene med sig overalt. Så lidt har det da bådet, alt det jeg søgte at dølge og dække. Hun er i folkemunde; det vil ikke vare længe, før hver mand råber, at—
ELINE GYLDENLØVE *(kommer atter gennem døren til venstre; hun ser sig om og spørger med undertrykt bevægelse:)*
Er du alene, Bjørn?
BJØRN.
Er det jer, jomfru Eline?
ELINE.
Hør—fortæl mig et af dine eventyr;—jeg véd, du kan flere end dem, som—
BJØRN.
Fortælle? Men nu,—så sent på kvelden—?
ELINE.
Ifald du regner fra den tid her blev mørkt på Østråt, så er det visselig sent.
BJØRN.
Hvad fejler jer? Er der gået jer noget imod? I er så urolig.
ELINE.
Det er muligt.
BJØRN.
Der er noget ivejen. I det sidste halve års tid har jeg knapt kunnet kende jer igen.
ELINE.
Husk på: i et halvt år har Lucia, min kæreste søster, sovet i ligkælderen.
BJØRN.
Det er ikke derfor, jomfru Eline,—det er ikke alene derfor, at I går omkring, snart tankefuld og bleg og stille, snart vild og rådløs som nu ikveld.
ELINE.
Mener du? Og hvorfor ikke? Var hun ikke mild og from og fager som en sommernat? Bjørn,—jeg siger dig, jeg havde Lucia kær som mit eget liv. Har du glemt, hvor tidt og mange gange vi sad som børn på dine knæ om vinterkvelden? Du sang viser for os, og du fortalte—

BJØRN.
Ja, dengang var I fro og glad.
ELINE.
Ja, dengang, du! Da leved jeg vel et dejligt liv i eventyr og i mine egne tanker! Kan det være troligt, at stranden dengang var så nøgen som nu? Var den det, så mærked jeg det ikke. Dernede var det jeg helst gik og digted alle de fagre krøniker; mine helte kom langvejs fra og fór over havet igen; jeg selv leved iblandt dem og fulgte med, når de drog bort.
(synker ned på en stol.)
Nu kender jeg mig så mat og træt; mine eventyr kan ikke nære mig længer;—de er kun—eventyr.
(rejser sig heftigt)
Bjørn,—véd du, hvad der har gjort mig syg? En sandhed. En styg, styg sandhed, som nager mig nat og dag.
BJØRN.
Hvad mener I?
ELINE.
Kan du mindes, at du stundom gav os leveregler og gode råd? Søster Lucia fulgte dem; men jeg,—gud bedre!
BJØRN *(trøstende)*
Nå, nå!
ELINE.
Jeg véd det,—jeg var stolt, hovmodig! Når vi legte sammen, vilde jeg altid være dronning, fordi jeg var den største, den fagreste, den kløgtigste. Jeg véd det!
BJØRN.
Det er sandt.
ELINE.
Engang tog du mig ved hånden og så alvorligt på mig, idet du sagde: vær ikke stolt af din fagerhed og din kløgt; men vær stolt som ørnen på fjeldet, hver gang du tænker på, at du er Inger Gyldenløves datter!
BJØRN.
I havde vel grund til at være stolt derover.
ELINE.
Ja, det fortalte du mig tidt nok, Bjørn! O, du fortalte mig så mange eventyr dengang.
(trykker hans hånd.)

Tak for dem allesammen!—Fortæl mig endnu ét; det turde hænde sig, at jeg blev let tilsinds igen, som før.
BJØRN.
I er jo ikke længer noget barn.
ELINE.
Tilvisse! Men lad mig bilde mig ind, at jeg er det. —Nu; fortæl! *(Hun kaster sig ned på en stol; Bjørn sætter sig på kanten af ildstedet.)*
BJØRN.
Der var engang en *højbåren* riddersmand—
ELINE. *(der uroligt har lyttet mod salen, griber ham i armen og udbryder heftigt men hviskende):*
Hys! Skrig da ikke så;—jeg er jo ikke tunghørt!
BJØRN *(sagtere)*
Der var engang en højbåren riddersmand, om hvem der gik det selsomme ord—
ELINE
(rejser sig halvt op og lytter i ængstelig spænding mod salen).
BJØRN.
Jomfru Eline,—hvad fattes jer?
ELINE *(sætter sig atter)*
Mig? Ingenting. Fortæl du kun.
BJØRN.
Nå, som sagt,—når han så en kvinde stivt ind i øjet, så glemte hun det aldrig siden, men fulgte ham i tanken, hvor han gik og stod, og sygnede hen af sorg.
ELINE.
Det har jeg hørt. —Det er for resten ikke noget eventyr, det, du der fortæller. Thi riddersmanden, som du beretter om, er Nils Lykke, der endnu den dag idag sidder i det danske rigsråd—
BJØRN.
Kan vel hænde.
ELINE.
Nu ja, lige godt;—bliv kun ved!
BJØRN.
Og så begav det sig engang—
ELINE *(rejser sig pludselig)*
Hys; vær stille!

BJØRN.
Hvad nu? Hvad går der af jer?
ELINE (lyttende)
Hører du?
BJØRN.
Hvilket?
ELINE.
Det *er* der! Ja, ved Kristi kors, det *er* der!
BJØRN (rejser sig)
Hvad er der? Hvor?
ELINE.
Hun selv,—i riddersalen—
(hun iler op mod baggrunden.)
BJØRN (følger efter)
Hvor kan I tro—? Jomfru Eline,—gå til jert kammer!
ELINE.
Hys; stå stille! Rør dig ikke; lad dig ikke se! Vent;—der kommer månen frem—. Kan du skimte den sorte skikkelse—?
BJØRN.
Ved alle hellige—!
ELINE.
Ser du,—der vender hun Knut Alfsøns billede indad mod væggen. Ha-ha; det stirrer hende nok for stivt i øjnene!
BJØRN.
Jomfru Eline, hør mig!
ELINE (idet hun går nedover mod ildstedet)
Nu véd jeg, hvad jeg véd!
BJØRN (hen for sig)
Så er det dog sandt!
ELINE.
Hvem var det, Bjørn? Hvem var det?
BJØRN.
Det så I ligeså grant som jeg.
ELINE.
Nu vel? Hvem så jeg?
BJØRN.
I så eders moder.
ELINE (halvt for sig selv)
Nat efter nat har jeg hørt hendes skridt derinde. Jeg har hørt

hende hviske og vånde sig som en uløst sjæl. Og visen siger jo —; ah, nu véd jeg det! Nu véd jeg, at—
BJØRN.
Stille!
(Fru Inger Gyldenløve kommer hurtig ud fra salen uden at lægge mærke til de andre, går lige hen til vinduet, trækker forhænget fra og stirrer en tidlang ud, som om hun spejdede efter nogen på landeveien; derpå vender hun sig og går langsomt ind i salen igen.)
ELINE *(sagte, følger hende med øjnene)*
Så drivende hvid, som en dødning—!
(Larm og mange stemmer høres udenfor døren til højre.)
BJØRN.
Hvad er der nu?
ELINE.
Gå ud og se efter, hvad det gælder!
(Gårdsfogden Ejnar Huk samt en stor flok husfolk og bønder kommer tilsyne i forstuen.)
EJNAR HUK *(i døren)*
Lige ind til hende! Og så ikke forsagt!
BJØRN.
Hvad søger I?
EJNAR HUK.
Fru Inger selv.
BJØRN.
Fru Inger? Så sent på kvelden?
EJNAR HUK.
Sent, men tidsnok, tænker jeg.
BØNDERNE.
Ja, ja,—nu må hun høre os!
(Hele mængden trænger ind i stuen. I det samme viser fru Inger Gyldenløve sig i døren til riddersalen. Alle tier pludselig.)
FRU INGER.
Hvad vil I mig?
EJNAR HUK.
Vi søgte eder, højbårne frue, for at—
FRU INGER.
Nu vel,—sig frem!

EJNAR HUK.
Nå, det er jo en ærlig sag. Kort og godt,—vi kommer for at bede eder om orlov og våben—
FRU INGER.
Orlov og våben? Hvortil?
EJNAR HUK.
Der er kommet det rygte over fra Sverig, at almuen har rejst sig i Dalarne og stævner imod kong Gustav—
FRU INGER.
Har almuen i Dalarne?
EJNAR HUK.
Ja, så går ordet, og det skal være ganske sikkert.
FRU INGER.
Nu,—om så var,—hvad har da I med Dalkarlenes rejsning at gøre?
BØNDERNE.
Vi vil med! Vi vil hjælpe til! Fri os selv!
FRU INGER (sagte)
Ah, skulde tiden være kommen!
EJNAR HUK.
Fra alle de norske grænsebygder stryger bønder indover til Dalarne. Selv fredløse mænd, som har vanket vildsomt år for år i fjeldet, de vover sig nu ned til gårdene igen, søger folk og sliber eggen på sine rustne værger.
FRU INGER (efter et ophold)
Hør,—sig mig, har I tilfulde betænkt jer? Har I regnet efter, hvad det vilde koste jer, hvis kong Gustavs mænd skulde sejre?
BJØRN (sagte og bønligt til fru Inger)
Regn efter, hvad det vil koste Dansken, hvis kong Gustavs mænd skulde tabe.
FRU INGER (afvisende)
Det regnestykke er ikke min sag.
(hun vender sig til mængden.)
I véd, kong Gustav kan håbe på sikker bistand fra Danmark. Kong Fredrik er hans ven, og han vil visselig ikke lade ham i stikken—
EJNAR HUK.
Men dersom nu bønderne rejste sig trindt om i hele Norges land? Dersom vi rejste os alle tilhobe,—herskabsfolk og almue?

—Ja, fru Inger Gyldenløve, nu tror jeg næsten lejligheden er kommen, som vi har ventet på. Bryder det nu løs, så må de fremmede ud af landet.
BØNDERNE.
Ja, ud med de danske fogder! Ud med de fremmede herremænd! Ud med rigsrådernes svende!
FRU INGER *(sagte)*
O, malm er der i dem;—men dog, dog—!
BJØRN *(hen for sig)*
Hun er tvilrådig,
(til Eline.)
Hvad gælder det, jomfru Eline,—I har forsyndet jer i dommen over eders moder.
ELINE.
Bjørn,—jeg kunde rive mine øjne ud af hovedet, ifald de havde løjet for mig!
EJNAR HUK.
Ser I vel, min højbårne frue,—først gælder det kong Gustav; er *han* gjort magtløs, så vil ikke Danskerne kunne holde sig længe her i landet—
FRU INGER.
Og så?
EJNAR HUK.
Så er vi fri; vi har ingen fremmede overherrer mere, og kan kåre os en konge selv, ligesom Svenskerne gjorde før os.
FRU INGER *(levende)*
En konge selv! Tænker du på Sture-slægten?
EJNAR HUK.
Kong Kristjern, og andre efter ham, har gjort ryddigt hus rundt om på odels-sæderne. De bedste blandt vore herremænd vanker fredløse på fjeldstien, hvis de endnu er til. Men det turde vel hænde sig alligevel, at der kunde findes en eller anden ætling af de gamle slægter, som—
FRU INGER *(hurtig)*
Det er nok, Ejnar Huk! Det er nok!
(hen for sig.)
Ah, mit dyreste håb!
(hun vender sig til bønderne og husfolkene.)
Jeg har nu formanet jer, så godt jeg kunde. Jeg har sagt jer, hvor

stor en fare I vover jer ind i. Men dersom I er så faste i eders
forsæt, så vilde det vel være dårligt af mig at forbyde jer, hvad I
jo på egen hånd kunde sætte igennem.
EJNAR HUK.
Vi har altså eders minde til at—?
FRU INGER.
I har eders egen faste vilje; spørg *den* tilråds. Er det så, som I
siger, at I dagligen plages og trykkes—. Jeg véd så lidet om disse
ting. Jeg vil ikke vide mere! Hvad kan jeg, en enlig kvinde—?
Selv om I vilde plyndre riddersalen—; og der findes mangt et
brugeligt værge derinde—; I har jo hele magten på Østråt
ikveld. I får gøre, hvad eder lyster. God nat!
*(Mængden bryder ud i høje glædesråb. Der tændes lys og
huskarlene henter allehånde våbenstykker ind fra salen.)*
BJØRN *(griber fru Ingers hånd idet hun vil gå.)*
Tak, min ædle og stormodige frue! Jeg, som har kendt jer lige fra
barneårene, jeg har aldrig tvilet på jer.
FRU INGER.
Stille, Bjørn,—det er et farefuldt spil, jeg har vovet i denne
kveld. —For de andre gælder det kun livet; men for mig—
tusende gange mere; tro mig!
BJØRN.
Hvorledes? Ængstes I for eders magt og for eders gode
forståelse med—?
FRU INGER.
Min magt? O, gud i himlen!
EN HUSKARL *(kommer fra salen med et stort sværd)*
Se, her er en rigtig ulvetand! Med den skal jeg flænge
blodsugernes svende.
EJNAR HUK *(til en anden huskarl)*
Hvad har du fundet der?
HUSKARLEN.
Brystpladen, som de kalder for Herlof Hyttefads.
EJNAR HUK.
Den er for god til dig;—se, her har jeg lansestagen efter Sten
Sture; hæng pladen på den, så fører vi det gildeste hærmærke,
nogen mand vil forlange.
HUSTJENEREN FINN
(med et brev i hånden, kommer fra døren til venstre og går hen

imod fru Inger)
Jeg har ledt efter eder i alle stuer—
FRU INGER.
Hvad vil du?
FINN *(rækker hende brevet)*
En svend fra Trondhjem har bragt brev og bud til eder.
FRU INGER.
Lad os se!
(idet hun åbner brevet.)
Fra Trondhjem? Hvad kan det gælde?
(gennemløber skrivelsen.)
Hjælp, Krist! Fra ham! Og her i landet—
(hun læser videre i stærk bevægelse, medens mændene vedbliver at hente våben ind fra salen.)
FRU INGER *(hen for sig)*
Han kommer altså hid. Han kommer hid i denne nat. —Ja, så gælder det at kæmpe med kløgt og ikke med sværd.
EJNAR HUK.
Nok, nok, I gode bønder; nu mener jeg vi er vel rustede. Nu kan vi lægge ivej!
FRU INGER *(med en hurtig vending)*
Ingen mand må forlade gården inat!
EJNAR HUK.
Men, min ædle frue, nu er vinden os føjelig; vi stryger indover fjorden og—
FRU INGER.
Det bliver, som jeg har sagt.
EJNAR HUK.
Skal vi da bie til imorgen?
FRU INGER.
Både til imorgen og længere. Ingen væbnet mand får lov til at forlade Østråt for det første.
(Der fornemmes uvilje iblandt mængden.)
NOGLE AF BØNDERNE.
Vi går alligevel, fru Inger!
MANGE FLERE.
Ja, ja; vi går alligevel!
FRU INGER *(et skridt nærmere)*
Hvem vover det?

(alle tier; efter et øjebliks ophold tilføjer hun:)
Jeg har tænkt for jer. Hvad véd I ringe mænd af almuen om landets sager? Hvor kan I tage jer for at dømme om sligt? I får se at tåle tryk og tyngsler en stund endnu. Det kan vel ikke gå jer for nær, når I betænker, at selv os, herreslægterne, bydes der ikke bedre kår nutildags. —Bær alle våben ind i salen igen. Siden skal I få min vilje at vide. Gå ud!
(Husfolkene bringer våbenstykkerne bort, hvorefter hele flokken fjerner sig gennem døren til højre.)
ELINE *(sagte til Bjørn)*
Mener du endnu, at jeg har forsyndet mig i dommen over— fruen på Østråt?
FRU INGER *(vinker Bjørn til sig og siger):*
Hold et gæstekammer rede.
BJØRN.
Vel, fru Inger!
FRU INGER.
Og porten åben for enhver, som måtte banke på.
BJØRN.
Men—?
FRU INGER.
Porten åben!
BJØRN.
Porten åben.
(han går ud til højre.)
FRU INGER *(til Eline, som allerede er i døren til venstre)*
Bliv her!—Eline;—mit barn,—jeg har noget at sige dig i enrum.
ELINE.
Jeg hører eder.
FRU INGER.
Eline,—du tror ilde om din moder.
ELINE.
Jeg tror, hvad eders færd så kvidefuldt tvinger mig til at tro.
FRU INGER.
Og du svarer mig som dit umilde sind byder.
ELINE.
Hvem har lagt umildhed over mit sind? Alt fra jeg var barn af havde jeg vant mig til at se på eder som på en stor, højsindet kvinde. Lig eder tænkte jeg mig hine kvinder, hvorom der står at

læse i krønikerne og i Kæmpe-bogen. Det tyktes mig, som om Gud Herren selv havde sat sit tegn på eders pande og mærket jer som den, der skulde lede de rædde og de rådvilde. I højsalen sang riddere og herremænd eders pris; og selve almuen, nær og fjern, kaldte eder landets håb og støtte. Og alle mente de, at gennem eder skulde de gode tider komme igen! Alle mente de, at med eder skulde der komme som en ny dag over os. Det er endnu nat; og snart véd jeg ikke længer, om jeg tør tro, at nogen morgen kommer med eder.
FRU INGER.
Det ligger nær at skønne, hvor du henter slige giftige ord fra. Det er båret dig for øre, hvad den tankeløse hob hvisker og mumler om ting, som den lidet kan dømme om.
ELINE.
I mængdens mund er sandhed, sagde I dengang, da eders pris lød i sang og tale.
FRU INGER.
Lad så være. Men om jeg også valgte at sidde uvirksom her, skønt det stod til mig at handle,—tror du da ikke, at slige kår var mig en byrde, tung nok, uden at du skulde hobe stene på den?
ELINE.
De stene, jeg hober på eders byrde, knuger mig ligeså tungt som eder. Let og fri trak jeg livsens ånde, så længe jeg havde eder at tro på. Thi for at leve må jeg kende mig stolt; og det vilde jeg været med rette, dersom I var bleven, hvad I engang var.
FRU INGER.
Og hvad borger dig for, at jeg ikke er det? Eline,—hvoraf véd du så visst, at du ikke gør din moder uret?
ELINE (frembrydende)
O, hvis jeg gjorde det!
FRU INGER.
Stille! Du har ingen ret til at kræve regnskab af din moder. — Med et eneste ord kunde jeg—; dog, det vilde ikke være godt for dig at høre; du må vente, hvad tiden bringer med sig; kan hænde, at—
ELINE (idet hun vil gå)
Sov vel, min moder!

FRU INGER *(nølende)*
Nej,—bliv hos mig; der er endnu noget, som—Kom nærmere;—du *må* høre mig, Eline!
(hun sætter sig ved bordet foran vinduet.)
ELINE.
Jeg hører eder.
FRU INGER.
Så taus du også er, så véd jeg dog for visst, at du mere end engang længes bort herfra. Det er dig for ensomt og for øde på Østråt.
ELINE.
Hvor kan det undre jer, min moder?
FRU INGER.
Det står til dig selv, om det herefterdags skal vorde anderledes.
ELINE.
Hvordan?
FRU INGER.
Hør mig. —I denne nat venter jeg en gæst til gården.
ELINE *(nærmere)*
En gæst?
FRU INGER.
En gæst, som må være fremmed og ukendt. Ingen tør vide, hvorfra han kommer eller hvor han går hen.
ELINE *(kaster sig med et glædesskrig ned for hende og griber hendes hænder)*
Min moder! Min moder! Forlad mig al min uret imod jer, hvis I kan det!
FRU INGER.
Hvad mener du?—Eline, jeg forstår dig ikke.
ELINE.
Så har de da alle taget fejl? I er da endnu trofast i hjertet!
FRU INGER.
Men så rejs dig,—og sig mig—
ELINE.
O, tror I da ikke jeg véd, hvem gæsten er?
FRU INGER.
Du véd det? Og alligevel—?
ELINE.
Tænker I da, Østråts porte har været så tæt stængte, at ikke et

jammers-rygte engang skulde smutte indenfor? Mener I ikke jeg véd, at mangen ætling af de gamle slægter vanker som fredløs mand, uden ly og leje, medens de danske herrer råder på hans fædres gård?
FRU INGER.
Og så? Hvad mere?
ELINE.
Jeg véd godt, at mangen højbåren ridder jages som sulten ulv i skogen. Han har ikke arnested at hvile ved, ikke brød at bide—
FRU INGER *(koldt)*
Det er nok! Nu forstår jeg dig.
ELINE *(vedblivende)*
Og derfor åbner I Østråts porte ved nattetid! Derfor må han være fremmed og ukendt, han, denne gæst, om hvem ingen bør vide, hvorfra han kommer eller hvor han går hen! I trodser det strenge herrebud, som nægter jer at huse den forfulgte, og at stå ham bi med ly og pleje—
FRU INGER.
Det er nok, siger jeg!
(hun tier lidt og tilføjer med overvindelse:)
Du fejler, Eline;—det er ingen fredløs mand jeg venter.
ELINE *(rejser sig)*
Så har jeg visselig kun ilde forstået eder.
FRU INGER.
Hør mig, mit barn! Men hør mig med overlæg; hvis du ellers mægter at tæmme dit vilde sind.
ELINE.
Jeg skal være tam, til I har udtalt.
FRU INGER.
Så hør efter, hvad jeg har at sige dig. —Jeg har, sa vidt det stod i min magt, søgt at holde dig uvidende om al den nød og vånde, som vi nu er stedt i. Thi hvad kunde det både, om jeg dryssed sorg og harm i din unge sjæl? Det er ikke gråd og kvindeklynk, som skal fri os ud af trængslerne. Der kræves mod og mandskraft.
ELINE.
Hvo har sagt jer, at jeg ikke ejer mod og mandskraft, når det gøres behov?

FRU INGER.
Stille, barn;—jeg kunde tage dig på ordet.
ELINE.
Hvordan, min moder?
FRU INGER.
Jeg kunde kræve begge dele af dig; jeg kunde—dog, lad mig først få tale til ende.
Du må da vide, at den tid tykkes nærme sig, som det danske rigsråd gennem mange år har virket for,—den tid, mener jeg, da de kan give vore rettigheder og vor frihed det sidste stød. Se, derfor gælder det—
ELINE *(livfuldt)*
At slå løs, min moder?
FRU INGER.
Nej; det gælder at vinde råderum. I København er rådet nu forsamlet for at overlægge, hvorledes de bedst kan gribe sågen an. De fleste skal være af den mening, at tvistighederne ikke kan bilægges, så længe ikke Norsk og Dansk er ét; thi dersom vi beholder vore rettigheder som et frit rige, når nyt kongevalg engang skal foregå, så er det rimeligt, at fejden bryder åbenbart ud. Se, dette vil de danske herrer forhindre—
ELINE.
Ja, de vil forhindre det,—ja! Men skal vi tåle sligt? Skal vi roligt se til, at—?
FRU INGER.
Nej, vi skal ikke tåle det. Men at bruge våben,—at træde frem i åben dyst,—hvor vilde det bære hen, så længe vi ikke alle er enige? Og stod det nogen tid værre til med enigheden hertillands, end netop nu?—Nej, skal vi kunne udrette noget, så må det ske i løndom og stilhed. Vi må, som jeg siger dig, få stunder til at område os. I det søndre Norge er en god del af adelen for de Danske; men her nordenfjelds er det endnu tvilsomt. Derfor har kong Fredrik skikket en af sine højst betroede mænd herop, for med egne øjne at forvisse sig om, hvordan vi er sindede.
ELINE *(spændt)*
Nu;—og så—?
FRU INGER.
Denne ridder kommer hid til Østråt inat.

ELINE.
Herhid? Og inat?
FRU INGER.
Et købmandsskib bragte ham igår til Trondhjem. For nylig fik jeg det budskab, at han vil gæste mig. Inden en time kan han ventes.
ELINE.
Og I betænker ikke, min moder, hvad I udsætter eders rygte for, ved at tilstede den danske udsending et sligt møde? Er ikke almuen heromkring allerede mistroisk nok imod eder? Hvor kan I håbe, at den engang vil lade sig lede og råde af eder, når det spørges, at—
FRU INGER.
Vær ubekymret. Alt dette har jeg fuldelig betænkt; men det har ingen nød. Hans ærende her i landet er en hemmelighed; derfor er han kommen som fremmed til Trondhjem; og som fremmed og ukendt vil han også gæste Østråt.
ELINE.
Og denne danske herres navn—?
FRU INGER.
Det klinger godt, Eline! Danmarks adel har knapt noget bedre at nævne.
ELINE.
Men hvad har I så i sinde? Endnu har jeg ikke fattet eders mening.
FRU INGER.
Du vil snart begribe. —Da vi ikke kan søndertræde ormen, så må vi binde den.
ELINE.
Vogt jer vel, at ikke snoren brister.
FRU INGER.
Det kommer an på dig, hvor fast den skal strammes.
ELINE.
På mig?
FRU INGER.
Længe har jeg mærket, at Østråt er dig et fangebur. Det huger ikke en ung falk at sidde imellem jernstænger.
ELINE.
Min vinge er stækket. Gav I mig end fri,—det vilde kun lidet

både mig.
FRU INGER.
Din vinge er ikke stækket, længer end du selv vil.
ELINE.
Vil? Min vilje er i eders hænder. Bliv ved at være, hvad I var, så vil også jeg—
FRU INGER.
Nok derom. Hør mig videre. —At drage fra Østråt vil neppe være dig meget imod.
ELINE.
Kan hænde, min moder!
FRU INGER.
Du har engang sagt mig, at du levede dit gladeste liv i dine eventyr og krøniker. Dette liv kunde vende tilbage for dig.
ELINE.
Hvad mener I?
FRU INGER.
Eline,—hvis nu en mægtig riddersmand kom og førte dig til sin borg, hvor du fandt terner og svende, silkeklæder og høje sale?
ELINE.
En ridder, siger I?
FRU INGER.
En ridder.
ELINE (saktere)
Og den danske udsending kommer hid inat.
FRU INGER.
Inat.
ELINE.
Hvis så er, da ræddes jeg for at tyde eders ord.
FRU INGER.
Der er intet at ræddes for, ifald du ikke vil mistyde dem. Det er visselig ikke min agt at tvinge dig. Efter eget tykke skal du vælge og råde selv i denne sag.
ELINE (et skridt nærmere)
Har I hørt om hin moder der kørte over fjeldet ved nattetid med sine småbarn i slæden? Ulveflokken fulgte hende i sporet; det gjaldt liv eller død;—og hun kasted sine små bagud efter sig, en for en, for at vinde tid og frelse sig selv.

FRU INGER
Eventyr! En moder rev hjertet af sit bryst, før hun kasted sit barn for ulvene!
ELINE.
Hvis jeg ikke var min moders datter, så skulde jeg give eder ret. Men I er som hin moder; og eders døtre har I kastet ud for ulvene, en for en. Først kasted I den ældste. For fem år siden drog Merete fra Østråt; nu sidder hun i Bergen som Vinzents Lunges hustru. Men tror I, hun er lykkelig som den danske ridders frue? Vinzents Lunge er mægtig, fast som en konge; Merete har terner og svende, silkeklæder og høje sale; men dagen har ingen sol for hende, og natten ingen hvile; thi hun har aldrig været ham god. Han kom hid, han bejled til hende, fordi hun var Norges rigeste arving, og fordi han dengang trængte til at få fast fod i landet. Jeg véd det; jeg véd det tilfulde! Merete var eder hørig; hun fulgte den fremmede herre. Men hvad har det kostet hende? Flere tårer, end en moder skulde ønske at svare til på dommens dag!
FRU INGER.
Jeg kender mit regnskab, og det skrækker mig ikke.
ELINE.
Eders regnskab er ikke hermed til ende. Hvor er Lucia, eders andet barn?
FRU INGER.
Spørg Gud, som tog hende.
ELINE.
Eder spørger jeg; thi det er eder, som skal svare for, at hun måtte lade sit unge liv. Glad var hun som en fugl om våren, da hun sejled fra Østråt for at gæste Merete i Bergen. Et år efter stod hun atter her i stuen; men da var hendes kinder hvide, og døden havde ædt sig ind i hendes bryst. Ja, I undres, min moder! I mente nok, at denne stygge hemmelighed var begraven med hende;— men hun har sagt mig alt. En høvisk ridder havde vundet hendes hjerte. Han vilde ægte hende. I vidste, at det gjaldt hendes ære. Men I blev ubøjelig,—og eders barn måtte dø. I ser, jeg véd det alt!
FRU INGER.
Alt? Så har hun vel også sagt dig hans navn?

ELINE.
Hans navn? Nej; hans navn har hun ikke sagt mig. Hun havde ligesom en stingende rædsel for hans navn;—hun nævnte det aldrig.
FRU INGER *(lettet, hen for sig)*
Ah, så véd du dog ikke alt.—
Eline;—den sag, du nu har rørt ved, var mig fuldt ud vitterlig. Men der er noget ved sagen, hvad du kanske ikke har givet agt på: Hin herremand, som Lucia traf i Bergen, var en Dansk—
ELINE.
Også det véd jeg.
FRU INGER.
Og hans kærlighed var en løgn. Ved list og glatte ord havde han besnæret hende.
ELINE.
Jeg véd det; men hun havde ham kær alligevel; og havde I havt en moders hjerte, så var eders barns ære gået for alt.
FRU INGER.
Ikke for hendes lykke. Tror du, at jeg, med Meretes lod for øjnene, vilde ofre mit andet barn til en mand, som ikke var hende god?
ELINE.
Kløgtige ord dårer så mangt et sind; men mig dårer de ikke.— Tro ikke, at jeg er så ganske fremmed for hvad der går for sig rundt om i landet. Tilfulde skønner jeg eders færd. Jeg véd godt, at de danske herremænd ikke har nogen fuldtro ven i jer. I hader dem måske; men I frygter dem tillige. Dengang I gav Merete til Vinzents Lunge, havde de danske herrer overmagten på alle kanter i landet. Tre år efter, da I forbød Lucia at ægte ham, til hvem hun havde knyttet sit liv, skønt han havde forlokket hende,—da stod sagerne helt anderledes. Kongens danske fogder havde øvet skændige ugerninger imod almuen, og I fandt det ikke rådeligt at knytte jer fastere, end sket var, til de fremmede voldsmænd.
Og hvad har I vel gjort for at hævne hende, der måtte dø så ung? I har intet gjort. Nu vel; jeg skal handle for jer; jeg skal hævne al den forsmædelse, der er overgået vort folk og vor æt!
FRU INGER.
Du? Hvad har du i sinde?

ELINE.
Jeg går *min* vej, ligesom I går *eders*. Hvad jeg har i sinde, véd jeg ikke selv; men jeg føler kræfter i mig til at vove alt for vor retfærdige sag.
FRU INGER.
Da vil du få en hård dyst at bestå. Jeg har engang lovet det samme som du,—og mit hår er grånet under byrden af mit løfte.
ELINE.
God nat! Eders gæst kan ventes; og ved det møde er jeg tilovers. Måske det endnu er tid for eder—; nu, Gud styrke og lede eders færd! Glem ikke at mange tusenders øjne vogter på eder. Tænk på Merete, som græder sent og tidlig over sit forspildte liv. Tænk på Lucia, som sover i den sorte kiste.
Og endnu ét. Glem ikke, at i denne nat spiller I brikkespil om eders sidste barn.
(hun går ud til venstre.)
FRU INGER *(ser en stund efter hende)*
Mit sidste barn? Der talte du sandere, end du selv vidste. —Men det gælder ikke mit barn alene. Hjælp mig Gud; i denne nat spilles brikkespil om hele Norges rige.
Ah,—rider der ikke nogen gennem borgeledet?
(hun lytter ved vinduet.)
Nej; endnu ikke. Det var kun vinden. Gravkoldt blæser det.— Har Gud Herren ret til dette?—Danne mig til kvinde,—og så læsse en mandsdåd på mine skuldre.
For jeg *har* landets velfærd i mine hænder. Det *står* i min magt at rejse dem alle som én mand. Det er fra *mig* de venter tegnet; og giver jeg det ikke nu, så sker det—kanske aldrig.
Nøle? Ofre de mange for den enes skyld?—Var det ikke bedre, ifald jeg kunde—? Nej, nej, nej—jeg *vil* det ikke! Jeg *kan* det ikke!
(hun kaster et stjålent blik imod riddersalen, vender sig bort som i angst og siger hviskende:)
Nu er de derinde igen. Blege spøgelser;—døde fædre; faldne frænder. —Fy; disse borende øjne fra alle krogene!
(hun slår bagover med hånden og skriger:)
Sten Sture! Knut Alfsøn! Olaf Skaktavl! Vig,—vig! Jeg *kan* ikke dette!
(En fremmed, stærkbygget mand med gråsprængt hår og skæg,

klædt i en forreven lammeskinds kjortel og med rustne våben, er trådt ind fra riddersalen.)
DEN FREMMEDE MAND *(stanser ved døren og siger dæmpet):*
Hil eder, fru Inger Gyldenløve!
FRU INGER *(vender sig med et skrig)*
Ah, fri mig Krist i himlen!
(hun falder om i stolen. Den fremmede mand stirrer på hende, ubevægelig, lænet til sit sværd.)

ANDEN AKT.

(Stuen på Østråt, ligesom i forrige akt.)

(Fru Inger Gyldenløve sidder ved bordet til højre foran vinduet. Olaf Skaktavl står et stykke fra hende. Begges ansigter forråder, at en stærkt bevæget samtale har fundet sted.)

OLAF SKAKTAVL.
For sidste gang, Inger Gyldenløve,—I er altså urokkelig i eders forsæt?
FRU INGER.
Jeg kan ikke andet. Og mit råd til eder er: gør I ligesom jeg. Er det himlens vilje, at Norge rent skal gå under, så går det under, hvad enten vi støtter det eller ej.
OLAF SKAKTAVL.
Og med den tro mener I, at jeg skal slå mig tiltåls? Jeg skulde roligt sidde og se til, nu, da timen er kommen? Har I glemt, hvad jeg har at hævne? Mit jordegods har de røvet og stykket ud imellem sig. Min søn, mit eneste barn, sidste ætlingen af min slægt, slog de ihjel for mig som en hund. Mig selv har de i tyve år jaget fredløs i skog og fjeld. —Rygtet har sagt mig død mere end én god gang; men jeg har nu den tro, at de ikke skal få lagt mig i jorden, før jeg har taget hævn.
FRU INGER.
Så har I et langt liv i vente. Hvad vil I da gøre?
OLAF SKAKTAVL.
Gøre? Hvad véd jeg, hvad jeg vil gøre? Jeg har aldrig givet mig af med at lægge anslag op. Det er *det*, som I skal hjælpe mig med. I er kløgtig nok til det. Jeg har kun to arme og mit værge.
FRU INGER.
Eders værge er rustent, Olaf Skaktavl! Alle værger i Norge er rustne.

OLAF SKAKTAVL.
Det er vel derfor, at visse folk bare strider med tungen. —Inger Gyldenløve,—I har stærkt forandret eder. Der var en tid, da der slog et mandshjerte i eders bryst.
FRU INGER.
Mind mig ikke om, hvad der *var*.
OLAF SKAKTAVL.
Og dog er det derfor jeg er kommen til jer. I *skal* høre mig, om så.—
FRU INGER.
Nu vel; men gør det kort; thi,—ja, jeg må da sige jer det,—det er utrygt for eder her på gården.
OLAF SKAKTAVL.
På Østråt gård er det utrygt for den fredløse? Det har jeg længe vidst. Men I glemmer nok, at fredløs mand er utryg, hvor han end vanker.
FRU INGER.
Så tal; jeg skal ikke formene jer det.
OLAF SKAKTAVL.
Det er nu snart treti år siden jeg så eder for første gang. Det var på Akershus hos Knut Alfsøn og hans frue. Dengang var I endnu fast et barn; men dog var I kæk som en jagende falk, og derhos stundom både vild og ustyrlig. Mange var de, der bejled om eder. Også mig var I kær,—kær, som ingen kvinde har været det før eller siden. Men I havde kun ét øjemærke og én tanke. Det var tanken på rigets ulykke og store nød.
FRU INGER.
Jeg var femten sommere gammel,—husk det! Og var det ikke, som om et vildsind havde grebet os allesammen i hine dage?
OLAF SKAKTAVL.
Kald det for hvad jer tykkes. Men *det* véd jeg: de gamle og erfarne blandt os mente, det stod skrevet hist oppe hos Vorherre, at I var den, som skulde bryde trældommen og give os alle vore rettigheder tilbage. Og *det* véd jeg også: I selv tænkte dengang det samme.
FRU INGER.
Det var en syndig tanke, Olaf Skaktavl! Det var hovmod og ikke Herrens kald, der talte gennem mig.

OLAF SKAKTAVL.
I *kunde* blevet den udkårne, ifald I havde villet. I stammed fra Norges ædleste ætter; I havde magt og rigdom i vente; og I havde øre for klageskrigene—dengang.—
Mindes I hin eftermiddag, da Hendrik Krummedike kom med danske flåden for Akershus? Skibsherrerne bød mindeligt forlig; og tryg ved lejdebrevet lod Knut Alfsøn sig ro ombord. Tre timer efter bar vi ham ind gennem slotsporten—
FRU INGER.
Som lig; som lig!
OLAF SKAKTAVL.
Norges bedste hjerte brast, da Krummedikes lejesvende fældte ham. Endnu tykkes det mig, at jeg ser det lange tog, som skred ind i riddersalen, sorgtungt og par for par. Der lå han på båren, med øksehugget over panden, så hvid som en vårsky. Jeg tør vel sige, at Norges gæveste mænd var samlet der hin nat. Fru Margrete stod ved sin døde husbonds hoved, og alle, alle svor vi at vove velfærd og liv for at hævne både denne sidste ugerning og alt det øvrige. —Inger Gyldenløve,—hvem var det, som da brød sig vej gennem mændenes kreds? En ungmø,—fast endnu et barn,—med ild i øjet og med grådfyldt mæle. —Hvad svor hun? Skal jeg gentage eders ord?
FRU INGER.
Jeg svor, hvad I andre svor; hverken mere eller mindre.
OLAF SKAKTAVL.
I husker eders ed—og har dog glemt den.
FRU INGER.
Og hvorledes holdt de andre, hvad de havde lovet? Jeg taler ikke om eder, Olaf Skaktavl, men om eders venner, al Norges adel. Der er ikke én af dem, i alle disse år, som har havt mod til at være mand; og dog lægger de mig til last, at jeg er en kvinde.
OLAF SKAKTAVL.
Jeg véd, hvad I vil sige. Hvorfor de har underkastet sig, i stedet for at byde voldsmændene trods til det sidste? Vel sandt; der er usel malm i vore slægter nutildags; men havde der været samhold imellem dem,—hvem véd, hvad der da vilde sket? Og I kunde have holdt dem sammen; thi for eder havde de alle bøjet sig.

FRU INGER.
Let kunde jeg svare eder; men I vilde vel neppe tage mit svar for gyldigt. Lad os derfor ikke videre tale om, hvad der ej står til at ændre. Kom heller frem med, hvad der nærmest fører eder til Østråt. Trænger I til ly? Nu vel; jeg skal prøve på at skjule eder. Har I andre ting behov, så sig det; I skal finde mig rede—
OLAF SKAKTAVL.
I tyve år har jeg været hjemløs. På Jæmtelandsfjeldet er mit hår bleven gråt. Jeg har lånt hus hos ulv og bjørn. —I ser, fru Inger, —*jeg* trænger eder ikke; men både adel og almue har eder behov.
FRU INGER.
Det gamle omkvæd.
OLAF SKAKTAVL.
Ja, det klinger ilde i eders øren, det véd jeg nok; men I får høre det alligevel. Kort og godt: jeg kommer fra Sverig. Der er uro påfærde. I Dalarne skal det bryde løs.
FRU INGER.
Jeg véd det.
OLAF SKAKTAVL.
Peder Kanzler er med,—men hemmeligt, forstår I.
FRU INGER *(studsende)*
Ja så?
OLAF SKAKTAVL.
Det er ham, som har skikket mig til Østråt.
FRU INGER *(rejser sig)*
Peder Kanzler, siger I?
OLAF SKAKTAVL.
Han selv;—eller, kan hænde, I kender ham ikke længer?
FRU INGER *(halvt hen for sig)*
Kun altfor vel!—
Men sig mig, jeg beder jer,—hvad budskab bringer I?
OLAF SKAKTAVL.
Da ufredsrygtet spurgtes oppe på grænsefjeldene, hvor jeg holdt til, så tog jeg straks afsted indover til Sverig. Jeg kunde nok tænke mig, at Peder Kanzler havde sin hånd med i legen. Jeg søgte ham op og bød ham min bistand;—han har kendt mig i tidligere dage, som I véd. Han vidste, jeg var at lide på; og så skikked han mig hid.

FRU INGER *(utålmodig)*
Ja visst, ja visst,—han skikked eder hid for at—?
OLAF SKAKTAVL (hemmelighedsfuldt)
Fru Inger,—der kommer en fremmed til Østråt inat.
FRU INGER *(overrasket)*
Hvorledes? Véd I, at—?
OLAF SKAKTAVL.
Ja vel véd jeg. Jeg véd alt. Det er jo for at træffe ham, at Peder Kanzler skikked mig hid.
FRU INGER.
Ham? Umuligt, Olaf Skaktavl,—umuligt!
OLAF SKAKTAVL.
Som jeg siger jer. Hvis han ikke er kommen, så vil det ikke vare længe, førend—
FRU INGER.
Nej, ganske sikkert; men—
OLAF SKAKTAVL.
Så I var da beredt på hans komme?
FRU INGER.
Ja visst. Han har skikket mig budskab derom. Det var derfor I slap ind, så snart I banked på.
OLAF SKAKTAVL *(lyttende)*
Hys;—der rider nogen over vejen.
(han går til vinduet.)
Porten lukkes op.
FRU INGER *(ser ud)*
Det er en ridder og hans svend. De stiger af i gården.
OLAF SKAKTAVL.
Det er altså ham. Hans navn?
FRU INGER.
I véd ikke hans navn?
OLAF SKAKTAVL.
Peder Kanzler vægred sig ved at nævne det. Han sagde kun, at udsendingen skulde møde mig på Østråt tredje kvelden efter Mortens-messe—
FRU INGER.
Rigtig; det er just som ikveld.
OLAF SKAKTAVL.
Han skulde bringe brevskaber med. Af dem og af eders egen

mund kunde jeg erfare, hvem han var.
FRU INGER.
Så lad mig følge jer til eders gæstekammer. I trænger til at kvæge og hege jer. Den fremmede herre skal I snart få i tale.
OLAF SKAKTAVL.
Nu, hvis I så lyster.
(De går begge ud til venstre.)
(Efter et kort ophold kommer hustjeneren Finn forsigtigt ind gennem døren til højre, ser sig om i værelset, kiger ind i riddersalen, går så tilbage til døren igen og giver et tegn til nogen udenfor. Derefter træder rigsråden Nils Lykke og den svenske befalingsmand, Herr Jens Bjelke, ind i stuen.)
NILS LYKKE *(dæmpet)*
Ingen?
FINN *(ligeså)*
Nej, herre!
NILS LYKKE.
Og vi kan jo sikkert forlade os på dig i et og alt?
FINN.
Befalingsmanden i Trondhjem har stedse givet mig skudsmål for at være pålidelig.
NILS LYKKE.
Vel, vel; det har han også sagt mig. Altså, først og fremst,—er nogen fremmed kommet herhid til Østråt før os iaften?
FINN.
Ja, for en time siden kom her en fremmed mand.
NILS LYKKE *(dæmpet til Jens Bjelke)*
Han er her.
(vender sig atter til Finn.)
Vilde du kunne genkende ham? Har du set ham?
FINN.
Nej, det har nok ingen uden portvægteren, så vidt jeg véd. Han blev straks stedet for fru Inger, og hun—
NILS LYKKE.
Nu? Hvad hun? Han er dog vel ikke allerede borte igen?
FINN.
Nej; men hun holder ham nok skjult inde i en af sine egne stuer, for—

NILS LYKKE.
Det er godt.
JENS BJELKE (hvisker)
Altså først og fremst vagt for porten; så har vi ham sikker.
NILS LYKKE (med et smil)
Hm!
(til Finn:)
Hør, sig mig,—gives der her på gården nogen anden udgang, end gennem porten? Se ikke så dumt på mig! Jeg mener,—kan nogen slippe usét bort fra Østråt, når borgeporten holdes lukket?
FINN.
Ja, det véd jeg ikke. Der tales rigtignok om løngange nedenunder i kælderne; men der er nok ingen, som kender dem, uden fru Inger selv; ja—og så kanske jomfru Eline.
JENS BJELKE.
Så, for djævelen!
NILS LYKKE.
Det er godt. Du kan gå.
FINN.
Vel. Skulde I senere ville mig noget, så behøver I bare at lukke på den anden dør til højre derinde i riddersalen; jeg skal da straks være ved hånden.
NILS LYKKE.
Godt.
(han peger mod døren til forgangen. Finn går ud.)
JENS BJELKE.
Hør,—véd I hvad, kære ven og bror,—dette her bliver nok et lumpigt felttog for os beggeto.
NILS LYKKE (smilende)
Å,—ikke for mig, håber jeg.
JENS BJELKE.
Så? For det første er der nu liden ære i at gøre jagt på slig en opløben pojk, som denne Nils Sture. Skal jeg tro han er klog eller galen, efter den vis han har faret frem på? Først sætte ondt blod i bønderne; love dem bistand og guld og grønne skoge;— og så, når det kommer til stykket, løbe sin vej og krybe i skjul bag et kvindeskørt!
Forresten angrer det mig, rent ud sagt, at jeg fulgte eders råd og

ikke gik frem efter mit eget hoved.
NILS LYKKE *(sagte)*
Den anger kommer vel silde, min bror!
JENS BJELKE.
For, ser I, at ligge og rode efter grævlinger, det har nu aldrig været min lyst. Jeg havde ventet mig noget helt andet. Nu har jeg trukket afsted lige fra Jæmteland med mine ryttere; har fået den trondhjemske befalingsmands brev for, at jeg kan søge efter urostifteren overalt, hvor jeg lyster. Alle spor tyder på, at han ætlede sig til Østråt—
NILS LYKKE.
Han *er* her! Han *er* her, siger jeg!
JENS BJELKE.
Ja, men hvad havde så været rimeligere end at vi havde fundet porten både stængt og under forsvarlig vagt? Gid vi havde; så kunde jeg da fåt brug for mine krigsknægte—
NILS LYKKE.
Men i det sted åbner man porten nokså høfligt for os. Pas på;—svarer fru Inger Gyldenløve til sit rygte, så lar hun det ikke skorte sine gæster hverken på mad eller drikke.
JENS BJELKE.
For at snakke sig ifra mit ærend, ja!—Hvor kunde I nu også få det indfald, at jeg skulde lade mine ryttere blive tilbage en hel fjerdingvej fra gården. Var vi kommen hid med krigsmandskab, så—
NILS LYKKE.
Hun havde modtaget os som lige kærkomne gæster for *det*. Men læg mærke til, at i så fald havde besøget gjort opsigt. Bønderne heromkring vilde holdt det for en voldshandling imod fru Inger; hun var da atter stegen i almuens gunst, og, ser I, *det* er ikke rådeligt.
JENS BJELKE.
Kan vel være. Men hvad gør jeg nu? Grev Sture er på Østråt, siger I. Ja, hvad hjælper det mig? Fru Inger Gyldenløve har sagtens, ligesom ræven, mange gemsler og flere end én udgang. Her kan vi to enslige karle gå omkring og snuse så længe vi vil. Gid djævlen havde hele sagen!
NILS LYKKE.
Nu vel, kære herre,—hvis I ikke synes om den vending, eders

sendelse har taget, så overlad slagmarken til mig.
JENS BJELKE
Til jer? Hvad vil I da gøre?
NILS LYKKE.
Kløgt og list turde måske her kunne udrette, hvad vi ikke med våbenmagt kan sætte igennem. —Nu, ærligt talt, herr Jens Bjelke,—jeg har allerede havt noget sligt i tankerne lige fra vi mødtes i Trondhjem igår.
JENS BJELKE.
Var det derfor I overtalte mig til at skille mig ved krigsknægtene?
NILS LYKKE.
Både eders og mit ærend på Østråt kunde jo fremmes bedst uden dem; og så—
JENS BJELKE.
Fanden besætte jer,—havde jeg nær sagt! Og mig selv med! For jeg burde da vidst, at I stændig går med en ræv bag øret.
NILS LYKKE.
Ja, men ser I, her kommer ræven vel tilpas, hvis våbnene skal være lige på begge sider. Og jeg må sige eder, at det er mig af højeste vigtighed, at jeg skiller mig vel og i al stilhed fra min sendelse. I skal vide, at min herre, kongen, var mig lidet nådig, da jeg rejste. Han formente at have sine grunde dertil, skønt jeg tror, at jeg har tjent ham så nyttelig som nogen i mere end ét vanskeligt hverv.
JENS BJELKE.
Det skudsmål tør I frit give jer. Gud og hvermand véd, at I er den slugeste djævel i alle de tre riger.
NILS LYKKE.
Å, jeg takker! Det vil nu ikke sige så stort. Men det, jeg her går tilmødes, det regner jeg rigtignok for en mesterprøve; thi her gælder det at besnære en kvinde—
JENS BJELKE.
Ha-ha-ha! I *det* håndværk har I nok for længe siden gjort mesterprøve, kære bror! Mener I ikke, vi kender visen i Sverig også?:
"Hver en skøn-jomfru sukker så mod,—
Gud give, Nils Lykke var mig huld og god!

NILS LYKKE.
Ak, den vise gælder kvinder i tyveårs-alderen og deromkring. Men fru Inger Gyldenløve er henimod de femti og derhos snu som ingen anden. Det vil holde hårdt at vinde bugt med hende. Men det *må* ske,—for enhver pris! Lykkes det mig at forskaffe kongen visse fordele over hende, dem han længe har eftertragtet, så kan jeg gøre regning på at betroes sendelsen til Frankrig næste vår. I véd vel, at jeg har tilbragt fulde tre år ved højskolen i Paris? Hele min hug står did ned igen, besynderligen hvis jeg kunde få fremtræde i så højst ansélig egenskab som en konges sendebud. —Nu,—ikke sandt,—I overlader fru Inger til mig? Husk på,—dengang I sidst gæsted hoffet i København, veg jeg pladsen for eder hos mere end én ungmø—
JENS BJELKE.
Å, véd I hvad,—det ædelmod var nu ikke så stort endda. I havde jo hals og hånd over dem allesammen. Men lige meget; siden jeg nu engang har faret galt afsted, så ser jeg helst, at I tar sagen på jer. Dog, *det* er et ord,—findes den unge grev Sture på Østråt, så skaffer I ham frem død eller levende!
NILS LYKKE.
Lyslevende skal I have ham. Jeg agter ialfald ikke at slå ham ihjel. Men nu må I altså ride tilbage til eders folk. Hold landevejen besat. Skulde jeg mærke noget mistænkeligt, så skal i uopholdelig få kundskab derom.
JENS BJELKE.
Godt, godt. Men hvorledes slipper jeg ud—?
NILS LYKKE.
Karlen, som var her, hjælper jer nok tilrette. Men i al stilhed—
JENS BJELKE.
Forstår sig. Nå,—god lykke!
NILS LYKKE.
Lykken har aldrig svigtet mig i dyst med kvinder. Skynd jer nu! *(Jens Bjelke går ud til højre.)*
NILS LYKKE *(står en stund stille, går lidt omkring i stuen, ser sig om; derpå siger han dæmpet):*
Så står jeg da omsider på Østråt. På dette gamle herresæde, som et barn for to år siden fortalte mig så meget om.
Lucia. Ja, for to år siden var hun endnu et barn. Og nu,—nu er hun død

(han nynner med et halvt smil:)
"Blomster brækkes, blomster visner—"
(han ser sig om igen.)
Østråt. Det er, som om jeg havde set det altsammen før; som om jeg var tilhuse her. —Derinde er riddersalen. Og nedenunder er — gravkælderen. Der ligger nok Lucia også.
(sagtere, halvt alvorligt, halvt tvungent spøgende.)
Dersom jeg var en ræd mand, så kunde jeg bilde mig ind, at da jeg satte foden indenfor Østråts port, så vendte hun sig i kisten. Da jeg gik over borggården, løfted hun på låget. Og da jeg nys nævnte hendes navn, var det som en røst maned hende op af ligkælderen. —Måske famler hun sig nu opad trappen. Svededugen er hende ivejen; men hun famler sig frem alligevel. Hun er helt oppe i riddersalen! Hun står og ser *på* mig bag dørstolpen!
(han kaster hovedet tilbage over skuldren, nikker og siger højt:)
Kom nærmere, Lucia! Snak lidt med mig! Din moder lar mig vente. Det er kedeligt at vente;—og du har hjulpet mig at fordrive så mangen kedelig stund—
(han farer med hånden over panden og går et par gange frem og tilbage.)
Se så!—Rigtig; der er det dybe vindu med forhænget. Der er det jo Inger Gyldenløve plejer stå og stirre udover landevejen, som om hun vented på en, der aldrig kommer. —Derinde—
(han ser mod døren til venstre)
der indenfor etsteds ligger søster Elines stue. Eline? Ja, det er Eline hun heder.
Kan jeg rigtig tro på, at hun er så mærkværdig,—så kløgtig og så djærv, som Lucia sagde? Fager skal hun også være. Men til ægtehustru—? Så ligetil burde jeg ikke have skrevet.—
(han vil i tanker sætte sig ved bordet, men retter sig op igen.)
Hvorledes vil fru Inger modtage mig?—Hun vil ikke svide gården af over os. Hun vil ikke lokke mig ud på en falddør. Sådant med knive bagfra vil hun heller ikke—
(han lytter mod stien.)
Aha!
FRU INGER GYLDENLØVE *(kommer ind gennem salsdøren og siger koldt:)*
Jeg byder eder min hilsen, herr rigsråd,—

NILS LYKKE *(bøjer sig dybt)*
Ah,—Østråts frue!
FRU INGER.
—og min tak fordi I forud har ladet mig vide eders komme.
NILS LYKKE.
Ikke mere end min skyldighed. Jeg havde grunde til at formode, at mit komme vilde overraske eder—
FRU INGER.
I sandhed, herr rigsråd, deri har I ikke taget fejl. Jeg havde visselig mindst af alle ventet at se Nils Lykke som gæst på Østråt.
NILS LYKKE.
Og endnu mindre havde I vel ventet, at han skulde komme som ven?
FRU INGER.
Som ven? I føjer spot til al den smerte og skændsel, I har dynget over mit hus? Efter at have lagt et barn i graven for mig, vover I endnu—
NILS LYKKE.
Tillad, fru Inger Gyldenløve,—i det stykke kommer vi neppe til enighed; thi I tager ikke med i beregningen, hvad *jeg* ved samme ulykkelige lejlighed tabte. Mine hensigter var ærlige. Jeg var træt af mit ubundne liv;—over de tredive år var jeg jo også allerede dengang; jeg længtes efter at finde mig en god og from hustru. Læg så dertil udsigten til det held at
vorde *eders* svigersøn—
FRU INGER.
Tag eder vel i vare, herr rigsråd! Hvad der er vederfaret mit barn, har jeg efter bedste evne dysset ned. Men tro ikke, at det er glemt, om det end er gemt. Der turde snart komme en lejlighed—
NILS LYKKE.
I truer mig, fru Inger? Jeg har rakt eder min hånd til forlig. I vægrer eder ved at modtage den. Der er da altså frå nu af åben ufred imellem os?
FRU INGER.
Jeg vidste ikke, at det fordum havde været anderledes.
NILS LYKKE.
Fra *eders* side, kan hænde. *Jeg* har aldrig været eders

avindsmand,—skønt jeg vel, som kongen af Danmarks undersåt, havde skellig grund dertil.
FRU INGER.
Jeg forstår eder. Jeg har ikke været bøjelig nok. Det er ikke gået så glat, som man ønskede, med at drage mig over i eders lejr. — Mig synes dog, I intet har at klage på. Min datter Meretes husbond er eders landsmand. Videre kan jeg ikke gå. Min stilling er vanskelig, Nils Lykke!
NILS LYKKE.
Det fatter jeg tilfulde. Både herremændene og almuen her i Norge mener jo at have et gammelt krav på eder,—et krav, som man siger, at I kun halvvejs har gjort fyldest.
FRU INGER.
Tillad, herr rigsråd,—for min færd står jeg ingen til regnskab uden Gud og mig selv. Hvis det derfor behager eder, så lader I mig vide, hvad der fører eder hid.
NILS LYKKE.
Straks, fru Inger! Hensigten med min sendelse her til landet kan vel ikke være eder ubekendt—?
FRU INGER.
Jeg kender det hverv, man almindeligvis tillægger eder. Det er vor konge af vigtighed at vide, hvorledes han står sig med den norske adel.
NILS LYKKE.
Ganske visst.
FRU INGER.
Det er altså derfor I gæster Østråt?
NILS LYKKE.
For en del derfor. Dog kommer jeg ingenlunde for at kræve nogen mundtlig forsikring af eder—
FRU INGER.
Nu vel?
NILS LYKKE.
Hør mig, fru Inger! I sagde selv for nylig, at eders stilling er vanskelig. I står midt imellem to modsatte lejre, som begge kun halvvejs vover åt forlade sig på eder. Eders egen fordel må nødvendigvis knytte jer til *os*. Til de misfornøjede er I derimod bunden ved landsmandskabet, og,—hvem véd,—måske også ved et eller andet hemmeligt bånd.

FRU INGER *(sagte)*
Hemmeligt bånd! Krist, skulde han—?
NILS LYKKE *(mærker hendes bevægelse, men lader som intet og tilføjer utvungent):*
I indser visst selv, at denne stilling i længden ikke er til at udholde. —Sæt nu, det stod i min magt at udfri eder af disse forholde, som—
FRU INGER.
I eders magt, siger I?
NILS LYKKE.
Først og fremst, fru Inger, må jeg bede eder ikke at lægge nogen vægt på de letfærdige ord, hvormed jeg før kan have omtalt det, der er os imellem. Tro ikke, at jeg nogen stund har tabt af tankerne den skyld, jeg står i til eder. Sæt, at det længe havde været min agt, så vidt muligt, at gøre godt igen, hvad jeg har forbrudt. Sæt, at det var derfor jeg havde skaffet mig denne sendelse herop.
FRU INGER.
Forklar eder nøjere, herr rigsråd;—nu forstår jeg eder ikke.
NILS LYKKE.
Jeg tåger maske ikke fejl, når jeg formoder, at I, ligeså godt som jeg, kender til de uroligheder, der truer med at bryde løs i Sverig. I véd, eller I aner ialfald, at disse uroligheder har et større mål, end det, man almindeligvis tillægger dem, og vil derfor begribe, at vor konge ikke roligt kan se begivenhederne gå deres egen gang. Ikke sandt?
FRU INGER.
Bliv ved!
NILS LYKKE *(forskende, efter et kort ophold)*
Der gives ét tænkeligt tilfælde, som kunde sætte Gustav Vasas trone i fare—
FRU INGER *(sagte)*
Hvor vil han hen?
NILS LYKKE.
—det tilfælde nemlig, at der i Sverig skulde findes en mand, som på grund af sin byrd havde krav på at kåres til folkets styrer.
FRU INGER *(undvigende)*
Sverigs adel er lemlæstet ligeså blodigt som vor, herr rigsråd!

Hvor skulde I vel ville søge—?
NILS LYKKE (smilende)
Søge? Manden er allerede funden—
FRU INGER (farer sammen)
Ah! Er han funden?
NILS LYKKE.
—og han står jer for nær, min frue, til at eders tanke ikke skulde falde på ham.
(ser stivt på hende.)
Den afdøde grev Sture har efterladt sig en søn—
FRU INGER (med et skrig)
Hellige frelser, hvoraf véd I—?
NILS LYKKE (studsende)
Fat eder, min frue, og lad mig tale til ende. —Denne unge mand har hidtil levet stille hos sin moder, Sten Stures enke.
FRU INGER (ånder friere igen)
Hos—? Ah ja;—ja visst!
NILS LYKKE.
Nu derimod er han trådt åbenlyst frem. I Dalarne har han vist sig som bøndernes leder. Deres antal vokser med hver dag; og— som I måske véd, finder de venner blandt almuen på denne side af grænsefjeldene.
FRU INGER (der imidlertid har fattet sig)
Herr rigsråd,—I nævner alle disse begivenheder med fuld forvissning om, at jeg kender dem. Hvad grund har jeg givet eder til at formode sligt? Jeg véd intet, og ønsker ikke at vide noget. Det er min agt at leve roligt indenfor mine egne enemærker; jeg rækker ikke ufredsstifterne min bistand; men regn heller ikke på mig, dersom det er eders agt at underkue dem.
NILS LYKKE (dæmpet)
Vilde I også forholde eder uvirksom, ifald det var min agt at stå dem bi?
FRU INGER.
Hvorledes skal jeg forstå eder?
NILS LYKKE.
I har altså ikke fattet, hvad jeg den hele tid har sigtet til?— Nu vel; ærligt og ligefrem vil jeg da sige eder alt. Vid da, at kongen og hans råd tilfulde har indset, hvorledes der i længden intet

sikkert fodfæste findes for os i Norge, dersom adel og almue, således som nu, vedbliver at tro sig forurettet og undertrykt. Vi har fuldelig begrebet, at villige forbundsfæller er bedre end tvungne undersåtter; og vi ønsker derfor intet hjerteligere, end at kunne løsne de bånd, der i grunden snører *os* ligeså stramt som *eder*. Men I vil visst også erkende, at Normændenes sindelag imod os gør et sådant skridt altfor betænkeligt,—så længe vi ikke har en pålidelig støtte i ryggen.
FRU INGER.
Og denne støtte—?
NILS LYKKE.
Denne støtte er nærmest at søge i Sverig. Men, vel at mærke, ej så længe Gustav Vasa sidder ved roret; thi *hans* regnskab med Danmark er endnu ikke opgjort, og vil vel heller aldrig blive det. En ny svensk konge derimod, som havde folket på sin side, og som skyldte Danmarks bistand sin krone—. Nu; I begynder at forstå mig? *Da* kunde vi med tryghed sige til eder Norske: "tag eders gamle arvede rettigheder tilbage; vælg eder en styrer efter eget tykke; vær vore venner i nøden, ligesom vi vil være eders!"—Læg ellers vel mærke til, fru Inger, at dette højmod i grunden ikke er så stort, som det kanske synes; thi I vil selv indse, at vi, langtfra at svækkes, snarere vil styrkes derved. Og da jeg nu har talt åbenhjertigt med eder, så lad også I enhver mistro fare. Altså—
(bestemt.)
den riddersmand frå Sverig, som kom hid en timestid før jeg—
FRU INGER.
I véd det da allerede?
NILS LYKKE.
Tilfulde. Det er ham jeg søger.
FRU INGER *(for sig selv)*
Forunderligt. Altså dog som Olaf Skaktavl sagde.
(til Nils Lykke.)
Jeg beder eder vente her, herr rigsråd! Nu går jeg for at føre ham til eder.
(hun går ud gennem riddersalen.)
NILS LYKKE *(ser en stund efter hende i hoverende forundring).*
Hun henter ham! Ja, virkelig,—hun henter ham! Dysten er halvvejs vunden. Så let havde jeg ikke tænkt, det skulde gå.—

Hun sidder dybt i det med urostifterne. Fór sammen af skræk, da jeg nævnte Sten Stures søn.—
Og så? Hm! Er fru Inger troskyldig løbet i fælden, så vil ikke Nils Sture gøre mange vanskeligheder. Et ungt blod, uden al sindighed og omtanke—. Med mit løfte om bistand drager han afsted. Uheldigvis snapper Jens Bjelke ham op på vejen,—og det hele forehavende er kvalt.
Og så? Så et skridt videre, til fromme for os selv. Det spredes ud, at den unge grev Sture har været på Østråt,—at en dansk udsending har havt en sammenkomst med fru Inger,—at, som følge deraf, junker Nils blev snappet op af kong Gustavs krigsknægte en fjerdingvej frå gården. —Inger Gyldenløves anseelse hos almuen være så stor den vil,—imod sligt et stød skal den have svært for at stå sig.
(farer pludselig uroligt op.)
Alle djævle—! Om fru Inger skulde have anet uråd! Kanske han i dette øjeblik smutter os af hænderne—
(lytter beroliget mod riddersalen.)
Ah, det har ingen nød. Der kommer de.
(Fru Inger Gyldenløve kommer inde fra salen, ledsaget af herr Olaf Skaktavl.)
FRU INGER *(til Nils Lykke)*
Her bringer jeg den I venter.
NILS LYKKE *(sagte)*
For helvede,—hvad skal det sige?
FRU INGER.
Jeg har sagt denne riddersmand eders navn, og hvad I har meddelt mig—
NILS LYKKE *(tvilrådig)*
Så? Ja så? Nu, ja—
FRU INGER.
—og jeg vil ikke dølge for eder, at han ej fæster den stærkeste lid til eders bistand.
NILS LYKKE.
Ikke det?
FRU INGER.
Kan det undre jer? I kender dog vel både hans sindelag og hans tunge skæbne—

NILS LYKKE.
Denne mands—? Nå—ja, ja vel—
OLAF SKAKTAVL *(til Nils Lykke)*
Men eftersom det er Peder Kanzler selv, der har stævnet os til at mødes her—
NILS LYKKE.
Peder Kanzler—?
(fatter sig hurtig.)
Ja, rigtig,—jeg har en sendelse fra Peder Kanzler—
OLAF SKAKTAVL.
Og han må jo bedst vide, hvem han tør bygge på. Jeg gider derfor ikke bryde mit hoved med at gruble over, hvorledes—
NILS LYKKE.
Nej, det er ret, kære herre; lad os for alting ikke det.
OLAF SKAKTAVL.
Heller lige løs på sagen—
NILS LYKKE.
Lige løs, uden omsvøb;—således er altid min vane.
OLAF SKAKTAVL.
Og vil I så sige mig, hvad ærend I bringer?
NILS LYKKE.
Mit ærend tænker jeg vel I så omtrent kan gætte—
OLAF SKAKTAVL.
Peder Kanzler nævnte noget om papirer, som—
NILS LYKKE.
Papirer? Nå ja, papirerne!
OLAF SKAKTAVL.
I har dem vel hos jer?
NILS LYKKE.
Naturligvis; vel forvarede; næsten altfor vel til i en hast—
(han lader som om han søger indenfor sin vams, og siger sagte:)
Hvem djævelen er han? Hvad griber jeg til? Her tør være store opdagelser at gøre—
(han bemærker, at hustjenerne dækker bordet og tænder lamperne i riddersalen, og siger til Olaf Skaktavl:)
Ah, jeg ser, fru Inger lader aftensmåltidet anrette. Ved bordet kunde vi kanske bedre tale om vore anliggender.
OLAF SKAKTAVL.
Godt; som I synes.

NILS LYKKE *(sagte)*
Frist vunden,—dyst vunden!
(med stor venlighed, til fru Inger:)
Og imidlertid kunde vi få at vide, hvad andel fru Inger Gyldenløve agter at tage i vort forehavende?
FRU INGER.
Jeg?—Ingen.
NILS LYKKE og OLAF SKAKTAVL.
Ingen?
FRU INGER.
Kan det undre eder, mine ædle herrer, at jeg ikke vover mig ind i en leg, hvori alt sættes på spil? Så meget mere, da ingen af mine forbundsfæller vover at forlade sig trygt på mig.
NILS LYKKE.
Denne bebrejdelse rammer ikke mig. Jeg tror eder blindt; derom beder jeg eder være forsikret.
OLAF SKAKTAVL.
Hvem skulde turde bygge på eder, når det ikke var eders landsmænd?
FRU INGER.
Sandelig,—denne tiltro glæder mig.
(hun går hen til et skab i baggrunden og fylder to bægre med vin.)
NILS LYKKE *(sagte)*
Fordømt, om hun skulde trække sig ud af snaren!
FRU INGER *(rækker hver af dem et bæger)*
Og siden så er, så byder jeg eder i et bæger velkommen til Østråt. Drik, mine ædle riddere! Drik tilbunds!
(hun betragter dem vekselvis efterat de har drukket, og siger alvorlig:)
Men nu må I vide,—det ene bæger indeholdt en velkomsthilsen for min forbundsfælle, det andet—døden for min uven!
NILS LYKKE *(kaster bægeret)*
Ah, jeg er forgiftet!
OLAF SKAKTAVL *(på samme tid, idet han griber efter sit sværd)*
Død og helvede, har I myrdet mig!
FRU INGER *(leende til Olaf Skaktavl, idet hun peger på Nils Lykke):*
Dette er de Danskes lid til Inger Gyldenløve—

(til Nils Lykke, pegende på Olaf Skaktavl:)
—og mine landsmænds tro på mig, ligervis!
(til dem begge:)
Og dog skulde jeg give mig eder i vold? Så sagte, mine ædle herrer,—så sagte! Fruen på Østråt har endnu sin fulde samling.
ELINE GYLDENLØVE *(kommer gennem døren til venstre)*
Stor larm og støj—. Hvad er påfærde?
FRU INGER *(til Nils Lykke)*
Min datter Eline.
NILS LYKKE *(sagte)*
Eline! Således havde jeg ikke tænkt mig hende.
ELINE
(bemærker Nils Lykke og blir overrasket stående, idet hun betragter hum).
FRU INGER *(rører ved hendes arm)*
Mit barn,—denne ridder er—
ELINE. *(gør en afværgende håndbevægelse, idet hun fremdeles ser ufravendt på ham og siger):*
Behøves ikke! Jeg ser, hvad han heder. Det er Nils Lykke.
NILS LYKKE *(sagte til fru Inger)*
Hvorledes? Kender hun mig? Skulde Lucia—? Skulde hun vide —?
FRU INGER.
Stille! Hun véd intet.
ELINE *(hen for sig)*
Jeg vidste det;—således måtte Nils Lykke se ud.
NILS LYKKE *(nærmere)*
Nu vel, Eline Gyldenløve,—I har gættet rigtigt. Og da jeg således på en måde er eder bekendt,—og da jeg derhos er eders moders gæst,—så vil I ikke nægte mig den blomsterkost, I bærer ved eders bryst. Så længe den er frisk og duftende, ejer jeg i den et billed af eder selv.
ELINE *(stolt, men stedse vedblivende at stirre på ham)*
Forlad mig, herr ridder,—den er plukket i mit eget kammer, og der vokser ingen blomst for eder.
NILS LYKKE *(idet han løsner en blomsterkost, som han selv bærer indstukken foran i sin vams:)*
Ah; men så vil I dog ikke forsmå denne ringe gave. En høvisk frue rakte mig den til afsked, da jeg imorges fór fra Trondhjem.

—Læg vel mærke til, min ædle jomfru,—skulde jeg byde eder en skænk, der var eder fuldkommen værdig, så måtte det være en fyrstekrone.
ELINE *(der viljeløst har taget blomsterne)*
Og var det end Danmarks kongekrone, I rakte mig,—før jeg delte den med *eder*, før krysted jeg den sønder mellem mine hænder og slængte stumperne for eders fod!
(hun kaster blomsterkosten for hans fødder og går ind i riddersalen.)
OLAF SKAKTAVL *(mumler for sig selv):*
Kæk,—som Inger Ottisdatter ved Knut Alfsøns båre!
FRU INGER *(sagte, efter vekselvis at have betragtet Eline og Nils Lykke)*
Ulven *kan* tæmmes. Det gælder at smede lænken færdig.
NILS LYKKE
(idet han tager blomsterne op og stirrer henrykt efter Eline)
Guds hellige blod, hvor hun er stolt og fager!

TREDJE AKT.

(Riddersalen. Et højt buevindu i baggrunden; et mindre vindu i forgrunden til venstre. Flere døre på begge sider. Loftet støttes af tykke fritstående træstolper, der, ligesom væggene, er behængte med alleslags våbenstykker. Billeder af helgener, riddere og fruer hænger i lange rader. Under loftet en stor brændende lampe med mange arme. I forgrunden til højre et gammeldags udskåret højsæde. Midt i salen står et dækket bord med levningerne af aftensmåltidet.)

ELINE GYLDENLØVE *(kommer langsomt og tankefuld fra venstre. Udtrykket I hendes ansigt forråder, hvorledes hun i erindringen gennemlever optrinnet med Nils Lykke. Tilsidst gør hun en armbevægelse, ligesom da hun kastede blomsterkosten; derpå siger hun med dæmpet stemme):*
—og så samlede han stumperne af Danmarks kongekrone—; blomsterne var det;—og
"Guds hellige blod, hvor hun er stolt og fager!"
Havde han hvisket disse ord i den lønligste krog, milevidt fra Østråt,—jeg havde hørt dem alligevel!
Hvor jeg hader ham! Hvor jeg altid har hadet ham,—denne Nils Lykke!—Ingen anden mand er som han, siges der. Med kvinder leger han,—og træder dem under sin fod.
Og det er til *ham*, min moder tænkte at byde mig frem!— Hvor jeg hader ham!
De siger, at Nils Lykke er anderledes end andre mænd. Det er ikke sandt! Der er intet selsomt ved ham. Der findes mange, mange, som han! Når Bjørn fortalte mig eventyr, da så alle prinser ud som Nils Lykke. Når jeg sad ensom her i salen og drømte krøniker, og mine riddere kom og gik,—allesammen så de ud som Nils Lykke.
Hvor det er forunderligt og hvor det er godt at hade. Aldrig har jeg vidst, hvor sødt det var—før ikveld. Nej,—ikke for tusend

års liv vilde jeg sælge de øjeblikke, jeg har levet siden jeg så ham!—
"Guds hellige blod, hvor hun—"
(hun går langsomt op mod baggrunden, åbner vinduet og ser ud.)
(Nils Lykke kommer ind gennem den forreste dør til højre.)
NILS LYKKE *(hen for sig)*
"Sov vel på Østråt, herr ridder," sagde Inger Gyldenløve, da hun gik. Sov vel? Ja, det er snart nok sagt, men—; der udenfor, himmel og hav i oprør; nedenunder i gravkælderen det unge blod på båren; to rigers skæbne i min hånd;—og på mit bryst en vissen blomsterkost, som en kvinde har slængt for mine fødder. Sandelig, jeg frygter stærkt for, at søvnen vil melde sig noget sent.
(bemærker Eline, der forlader vinduet og vil gå ind til venstre.)
Der er hun. Det stolte øje lader tankefuldt. —Ah, hvis jeg turde vove—
(højt:)
Jomfru Eline!
ELINE *(stansende ved døren)*
Hvad vil I? Hvi forfølger I mig?
NILS LYKKE.
I fejler; jeg forfølger eder ikke. Jeg er selv forfulgt.
ELINE.
Er I?
NILS LYKKE.
Af mangehånde tanker. Derfor går det med søvnen, som med eder;—den flyr mig.
ELINE.
Gå til vinduet, så vil I finde tidekort;—et hav i storm—
NILS LYKKE *(smilende)*
Et hav i storm? Det kan jeg også finde hos eder.
ELINE.
Hos mig?
NILS LYKKE
Vort første møde har forvisset mig derom.
ELINE.
Og I besværer eder derover?

NILS LYKKE.
Nej, ingenlunde, men jeg ønskede dog at se eder mildere stemt.
ELINE *(stolt)*
Tror I, det vil lykkes eder?
NILS LYKKE.
Jeg er viss derpå; thi jeg bringer eder et kærkomment budskab.
ELINE
Og hvilket?
NILS LYKKE
Mit farvel.
ELINE *(et skridt nærmere)*
Eders farvel? I forlader Østråt—så snart?
NILS LYKKE.
Endnu inat.
ELINE *(synes et øjeblik tvilrådig med sig selv; derpå siger hun koldt):*
Så tag min hilsen, herr ridder!
(hun bøjer sig og vil gå.)
NILS LYKKE.
Eline Gyldenløve,—jeg har ingen ret til at holde eder tilbage, men det er uædelt, dersom I nægter at høre, hvad jeg har at sige eder.
ELINE.
Jeg hører eder, herr ridder!
NILS LYKKE.
Jeg véd, I hader mig.
ELINE
Eders klarsyn er usvækket, som jeg mærker.
NILS LYKKE.
Men jeg véd også, at jeg tilfulde har fortjent dette had. Usømmelige og krænkende var de ord, hvormed jeg tydede på eder i min skrivelse til fru Inger.
ELINE.
Nok muligt, jeg har ikke læst dem.
NILS LYKKE.
Men indholdet er eder i det mindste ikke ubekendt; jeg véd, eders moder har ikke ladet eder i uvidenhed derom; hun har ialfald sagt eder, at jeg priste den mand heldig, som—; ja, I véd, hvad håb jeg nærede—

ELINE.
Herr ridder,—hvis det er derom I agter at tale, så—
NILS LYKKE.
Jeg agter at tale derom, alene for at undskylde min færd. Ikke af andre grunde;—det sværger jeg eder. Hvis mit rygte,—hvad jeg desværre har årsag til at formode,—er nået til eder, forinden jeg selv fremstillede mig på Østråt, så må I også kende mit liv tilstrækkeligt til ikke at forundre eder over, at jeg i deslige sager går noget dristigt tilværks. Jeg har truffet mange kvinder, Eline Gyldenløve! Ubøjelige har jeg aldrig fundet dem. Under slige omstændigheder, ser I, blir man noget magelig. Man kommer ud af vanen med at betjene sig af omveje—
ELINE.
Nok muligt. Jeg véd ikke, hvad malm hine kvinder har været af. I fejler for øvrigt, når I mener, at det er brevet til min moder, der har vakt mit hjertes had og bitterhed imod eder. Jeg havde ældre grunde.
NILS LYKKE (urolig)
Ældre grunde? Hvad vil I sige med det?
ELINE.
Det er som I formoded;—eders rygte er gået forud for eder selv, til Østråt, som over det hele land. Nævnes Nils Lykkes navn, så nævnes det altid sammen med en kvinde, som han har besnæret og forstødt. Nogle nævner det med harme, andre med latter og kåd spot over hine svagsindede skabninger. Men gennem harmen og latteren og spotten klinger visen om eder, overdøvende og eggende, lig en fiendes sejers-sang.
Dette er det alt tilhobe, som har avlet mit had til eder. Idelig stod I for mine tanker; og det drog mig tilmødes som en længsel, at stilles ansigt til ansigt med eder, forat I kunde erfare, at der gives kvinder, hos hvem eders smidige tale er spildt— dersom I agter at bruge den.
NILS LYKKE.
I dømmer mig uretfærdigt, dersom I dømmer efter, hvad rygtet har sagt eder. Muligt, at der er sandhed i alt, hvad I har hørt;— men årsagerne dertil kender I ikke. —Som syttenårig junker begyndte jeg min lystige færd. Jeg har levet fulde femten år siden den tid. Lette kvinder skænked mig, hvad jeg ønsked— endnu før ønsket var blevet til bøn; og hvad jeg bød dem, det

greb de med glade hænder. I er den første kvinde, som foragtelig har slængt min gave tilbage for min egen fod.

Tro ikke, at jeg beklager mig. Nej, tvertimod,—jeg ærer eder derfor, således, som jeg endnu aldrig har æret nogen kvinde. Men hvad jeg klager over, og hvad der nager mig som en stor sjælevé, det er, at skæbnen ikke tidligere har ført mig eder imøde.—

Eline Gyldenløve! Eders moder har fortalt mig om eder. Medens livet gik sin urolige gang fjernt herfra, da vandred I på det ensomme Østråt, stille, med eders digten og eders drømme. Se, derfor vil I forstå, hvad jeg har at sige eder. —Vid da, at også jeg engang har levet et liv, som I her. Jeg tænkte mig, at når jeg trådte ud i den store vide verden, da vilde der komme mig imøde en ædel og herlig kvinde, som skulde vinke ad mig og vise mig vejen til et berømmeligt mål. —Jeg bedrog mig, Eline Gyldenløve! Kvinder kom mig imøde; men *hun* var ikke iblandt dem. Endnu før jeg fuldt var bleven mand, havde jeg lært at foragte dem alle tilhobe.

Er det da min skyld? Hvorfor var ikke de andre ligesom I?—Jeg véd, eders fædrelands skæbne hviler eder tungt på sinde. I kender den andel, jeg har i forholdene—. Det siges om mig, at jeg skal være falsk som havskummet. Nok muligt; men er jeg det, da har kvinderne lært mig at være det. Havde jeg tidligere fundet, hvad jeg søgte,—havde jeg truffet en kvinde, stolt, ædel og højsindet som I, da var visselig min vej blevet en hel anden. Kan hænde, at jeg da i dette øjeblik, havde stået ved eders side som talsmand for alle de forurettede i Norges rige. Thi *det* tror jeg: en kvinde er det mægtigste i verden, og i hendes hånd står det at bøje en mand didhen, hvor Gud Herren vil have ham.

ELINE *(for sig selv)*

Skulde det være, som han siger? Nej, nej; der er løgn i hans øje og svig på hans læber. Og dog—; ingen sang er så liflig som hans ord.

NILS LYKKE *(nærmere, dæmpet og mere fortroligt):*

Hvor ofte har I vel ikke siddet her på Østråt, ensom, med eders vekslende tanker. Da er det blevet eder trangt om brystet; loft og vægge har ligesom skrumpet sig sammen og knuget eders sind. Da har I længtes udad; da har det lystet eder at flyve langt herfra, uden at I selv vidste hvorhen. —Hvor ofte har I ikke

vandret ensom ved fjorden; et smykket skib, med riddere og damer ombord, med sang og strengeleg, har sejlet forbi, langt derude;—et dunkelt rygte om store begivenheder er nået til eder;—da har I følt en higen i eders bryst, en ubetvingelig længsel efter at vide, hvad der var hinsides havet. Men I har ikke forstået, hvad der fattedes eder. I har stundom ment, det var eders fædrelands lod, der fyldte eder med alle de urolige tanker. I bedrog eder selv;—en jomfru i eders unge år har andet at gruble over. —Eline Gyldenløve! Har I aldrig tænkt eder hemmelige kræfter,—en stærk og løndomsfuld magt, som knytter menneskenes skæbner til hinanden? Når I drømte om det brogede liv derude i den vide verden,—når I drømte om ridderspil og lystige fester,—så I da aldrig i eders drømme en ridder, der stod med smil på læben og med græmmelse i hjertet midt i den larmende færd,—en ridder, der engang havde drømt fagert som I, om en kvinde, ædel og herlig, og som han forgæves søgte blandt alle dem, der omgav ham.
ELINE.
Hvo er I, der mægter at klæde mine lønligste tanker i ord? Hvorledes kan I sige mig, hvad jeg har båret inderst i mit bryst — uden selv at vide det? Hvoraf véd I—?
NILS LYKKE.
Hvad jeg har sagt eder, har jeg læst i eders øjne.
ELINE.
Aldrig har nogen mand talt til mig som I. Jeg har kun dunkelt forstået eder; og dog—alt, alt synes mig forandret siden—
(hen for sig.)
Nu begriber jeg, hvorfor de sagde, at Nils Lykke er anderledes end alle andre.
NILS LYKKE.
Der gives én ting i verden, som kunde forstyrre et menneskes tanker, når vi grubler derover; og det er tanken om, hvad der kunde sket, hvis alt havde føjet sig *så* eller *så*. Havde jeg mødt eder på min vej, medens mit livstræ endnu var grønt og frodigt, så havde I måske i denne stund siddet som—
Men tilgiv mig, min ædle jomfru! Disse få øjeblikkes samtale har bragt mig til at glemme vor gensidige stilling. Det var som om en lønlig røst frå først af havde sagt mig, at med eder kunde jeg tale åbent, uden smiger og uden forstillelse.

ELINE.
Det kan I.
NILS LYKKE.
Nu vel;—og denne åbenhjertighed har måske allerede så halvt om halvt forsonet os med hinanden. Ja,—jeg er endnu dristigere i mit håb. Kanhænde den tid endnu kan komme, da I vil mindes den fremmede ridder uden had og uden harme i sjælen. Nå, nå, — misforstå mig ikke! Jeg mener ikke *nu straks*,—men *engang*, senere hen i tiden. Og for at gøre eder dette mindre svært,—og da jeg nu engang er begyndt at tale åbenhjertigt og ligefrem med eder, så lad mig sige jer—
ELINE.
Herr ridder—!
NILS LYKKE *(smilende)*
Ah, jeg mærker, at mit brev endnu sætter eder i skræk. Men vær I fuldkommen rolig. Jeg kunde give tusender til, dersom det var uskrevet; thi—ja, da jeg véd, at det just ikke vil gøre eder synderlig ondt at høre, så kan jeg jo ligeså godt sige det rent ud, —jeg elsker eder ikke, og vil aldrig til at elske eder. Vær I derfor, som sagt, fullkommen tryg; jeg skal ingensinde gøre forsøg på at—
Men hvad fattes eder—?
ELINE.
Mig? Intet; intet. —Sig mig kun ét: Hvorfor går I endnu med disse blomster? Hvad vil I med dem?
NILS LYKKE.
Disse? Er det ikke en stridshanske, som I på alle kvinders vegne har tilkastet den onde Nils Lykke? Skulde jeg så ikke tage den op?
Hvad jeg vil med dem, spurgte I?
(dæmpet.)
Når jeg atter står mellem de fagre fruer i Danmark,—når strengelegen tier og der er stilhed i salen,—da vil jeg tage disse blomster frem og fortælle et eventyr om en ung kvinde, der sidder ensom i en mørk bjelkehal, fjernt oppe i Norge—
(afbrydende, idet han ærbødigt bøjer sig.)
Men jeg frygter, at jeg altfor længe opholder husets ædle datter. Vi sés ikke mere; thi endnu før daggry er jeg afsted. Jeg byder eder altså mit farvel.

ELINE.
Og jeg skænker eder mit, herr ridder!
(kort stilhed.)
NILS LYKKE.
I er atter så tankefuld, Eline Gyldenløve! Er det atter eders fædrelands skæbne, der nager eder?
ELINE (hovedrystende, idet hun adspredt stirrer hen for sig)
Mit fædreland?—Jeg tænker ikke på mit fædreland.
NILS LYKKE.
Så er det tiden med al dens kamp og nød, der ængster eder.
ELINE.
Tiden? Den glemmer jeg nu. —I går til Danmark? Var det ikke så I sagde?
NILS LYKKE.
Jeg går til Danmark.
ELINE.
Kan jeg se mod Danmark her fra salen?
NILS LYKKE (pegende på vinduet til venstre)
Ja, fra dette vindu. Hist, mod syd, ligger Danmark.
ELINE.
Og er det langt herfra? Mere end hundrede mile?
NILS LYKKE.
Meget mere. Havet ligger mellem Danmark og eder.
ELINE (hen for sig)
Havet? Tanken har mågevinger. Havet stanser den ikke.
(hun går ud til venstre).
NILS LYKKE (ser en stund efter hende; derpå siger han):
Hvis jeg kunde afse to dage til det—eller blot én—så skulde hun være i min vold ligeså godt som alle de andre.
Der er ellers et sjeldent stof i denne unge kvinde. Hun er stolt. Skulde jeg virkelig beslutte mig til—? Nej; heller ydmyge hende. —
(han går omkring i stuen.)
Sandelig, tror jeg ikke, hun har sat mit blod i brand. Hvem skulde tænkt sligt muligt herefterdags?—Væk med dette! Jeg må ud af al den vilderede, jeg her har rodet mig ind i.
(han sætter sig i en stol til højre.)
Hvorledes skal jeg forklare mig det? Både Olaf Skaktavl og Inger Gyldenløve synes blinde for den mistro, de udsætter sig for, når

det rygtes, at jeg er med i forbundet. —Eller skulde fru Inger virkelig have fattet min hensigt? Skulde hun skønne, at alle løfter kun var beregnede på at lokke Nils Sture frem af sit smuthul?
(han springer op)
Fordømt! Er jeg virkelig selv bleven narret? Det er højst rimeligt, at grev Sture slet ikke findes på Østråt. Kan hænde at rygtet om hans flugt kun har været en krigslist. Han sidder kanske i denne stund velbeholden hos sine venner i Sverig, medens jeg—
(går urolig op og ned ad gulvet.)
At jeg også skulde være så sikker i min sag! Om jeg nu intet udretter! Om fru Inger kommer efter mine hensigter,—og ikke lægger dølgsmål på min færd—. At stå til spot og spe både her og i Danmark! Ville lokke fru Inger i fælden,—og så gavne hendes sag på det bedste,—styrke hendes gunst hos almuen—! —Ah, jeg kunde fristes til at give mig den onde selv i vold, om han skaffed mig fingre i grev Sture—
(Vinduet i baggrunden stødes op. Nils Stenssøn viser sig udenfor.)
NILS LYKKE *(griber efter sverdet)*
Hvad nu?
NILS STENSSØN *(idet han springer ned på gulvet)*
Nå; endelig er jeg her da!
NILS LYKKE *(sagte)*
Hvad skal dette sige?
NILS STENSSØN.
Guds fred, herre!
NILS LYKKE.
Tak, herre! Det er ellers en særegen indgang, I der har valgt jer.
NILS STENSSØN.
Ja, hvad djævelen skulde jeg gøre? Porten var jo lukket. Her på gården må nok folk have en søvn som bjørnen ved juletider.
NILS LYKKE.
Takker Gud! En god samvittighed er den bedste hovedpude, véd I vel.
NILS STENSSØN.
Ja, det må så være; for alt hvad jeg hamred og dundred, så—
NILS LYKKE.
—så slap I dog ikke ind?

NILS STENSSØN.
Truffet på et hår. Jeg sagde altså til mig selv: da du nu må ind på Østråt ikveld, om du så skal gå gennem ild og vand, så kan du jo sagtens også krybe gennem vinduet.
NILS LYKKE (sagte)
Ah, om det skulde være—!
(et par skridt nærmere)
Så det var eder da så magtpåliggende at komme til Østråt just iaften?
NILS STENSSØN.
Om det var? Ja, det skulde jeg mene. Jeg lar nødig vente på mig, skal jeg sige eder.
NILS LYKKE.
Aha,—fru Inger Gyldenløve venter eder altså?
NILS STENSSØN.
Fru Inger Gyldenløve? Ja, det skal jeg ikke så bestemt kunne svare på;
(med et listigt smil.)
men her turde være en anden—
NILS LYKKE (smiler også)
Nå, så her turde være en anden—?
NILS STENSSØN.
Sig mig,—hører I til huset?
NILS LYKKE.
Jeg? Ja, for så vidt som jeg fra iaftes er fru Ingers gæst.
NILS STENSSØN.
Så?—Jeg tror vi iaften har tredje kvelden efter Mortens-messe?
NILS LYKKE.
Tredje kvelden efter—? Ja, det er ret nok. —Ønsker I kanske at stedes for husets frue straks? Såvidt jeg véd, er hun ikke gået tilsengs endnu. Men kunde I ikke sætte eder ned og hvile eder ud sålænge, kære unge herre? Se, her er endnu en kande vin tilovers. Lidt at spise finder I vel også. Nu; tag for eder; I kan trænge til at styrke jer.
NILS STENSSØN.
I har ret, herre; det vilde ikke være så ilde.
(han sætter sig ved bordet og spiser og drikker under det følgende.)
Både steg og sød kage! Det er jo et herremandsliv I fører her!

Når man, som jeg, har sovet på den bare jord og levet af brød og vand i fire-fem dage—
NILS LYKKE *(betragter ham smilende)*
Ja, det må falde tungt for en, der er vant til at sidde til højbords i grevelige sale.
NILS STENSSØN.
Grevelige sale—?
NILS LYKKE.
Men nu kan I jo hvile eder ud her på Østråt, så længe, som I lyster.
NILS STENSSØN *(glad)*
Så? Kan jeg virkelig det? Jeg skal da ikke så snart afsted igen?
NILS LYKKE.
Ja, jeg véd ikke. Det *må* I vel selv bedst kunne svare på.
NILS STENSSØN *(sagte)*
Au, for fanden!
(han breder sig i stolen.)
Ja, ser I,—den ting er endnu ikke så ganske afgjort. Jeg, for *min* del, skulde ikke have noget imod at slå mig ned her for det første; men—
NILS LYKKE.
—men I er ikke i et og alt eders egen herre? Der gives andre hverv og andre anliggender—?
NILS STENSSØN.
Ja, det er netop knuden. Stod det til mig, så hvilte jeg mig ialfald ud vinteren over her på Østråt; jeg har nu levet min meste tid på feltfod, og så—
(han bryder pludselig af, skænker og drikker.)
Eders skål, herre!
NILS LYKKE.
På feltfod? Hm!
NILS STENSSØN.
Nej, det var *det* jeg vilde sige: jeg har længe higet efter at se fru Inger Gyldenløve, som der går så stort et ry af. Det må være en herlig kvinde. Ikke sandt?—Det eneste, jeg ikke kan finde mig i, er, at hun så forbandet nødig vil slå løs.
NILS LYKKE.
Slå løs?

NILS STENSSØN.
Nu ja, I forstår mig nok; jeg mener, at hun så nødig vil tage hånd i med, for at drive de fremmede herremænd ud af landet.
NILS LYKKE.
Ja, det har I ret i. Men nu får I gøre, hvad I kan, så går det nok.
NILS STENSSØN.
Jeg? Ja, Gud bedre så sandt; det skulde stort hjælpe, om jeg—
NILS LYKKE.
Da er det dog selsomt, at I gæster hende, når I ikke har bedre håb.
NILS STENSSØN.
Hvad mener I med det?—Hør, kender I fru Inger?
NILS LYKKE.
Forstår sig; siden jeg er hendes gæst, så—
NILS STENSSØN.
Ja, derfor er det jo slet ikke sagt, at I kender hende. Jeg er også hendes gæst og har dog aldrig set så meget som hendes skygge engang.
NILS LYKKE.
Men I véd dog at fortælle—
NILS STENSSØN.
—hvad hvermand snakker om? Ja, det er rimeligt. Desuden har jeg tidt nok hørt af Peder Kanzler—
(han stanser i forvirring og begynder ivrigt at spise.)
NILS LYKKE.
I vilde sagt noget mere.
NILS STENSSØN *(spisende)*
Jeg? Å nej, det kan være det samme.
NILS LYKKE
(ler).
NILS STENSSØN.
Hvoraf ler I, herre?
NILS LYKKE.
Af ingenting, herre!
NILS STENSSØN *(drikker)*
Det er en liflig vin, I har her på gården.
NILS LYKKE *(nærmer sig fortrolig)*
Hør,—skulde det nu ikke være på tide at kaste masken?

NILS STENSSØN *(smilende)*
Masken? Ja, det får I gøre som I selv synes.
NILS LYKKE.
Så lad al forstillelse fare. I er kendt, grev Sture!
NILS STENSSØN *(med latter)*
Grev Sture? Tror I også, at jeg er grev Sture?
(han rejser sig fra bordet.)
I fejler, herre! Jeg er ikke grev Sture.
NILS LYKKE.
Virkelig ikke? Hvem er I da?
NILS STENSSØN.
Mit navn er Nils Stenssøn.
NILS LYKKE *(ser smilende på ham)*
Hm! Nils Stenssøn? Men I er ikke Sten Stures søn Nils. Navnet slår ialfald til.
NILS STENSSØN.
Ganske sandt; men Gud må vide, med hvilken ret jeg bærer det. Min fader har jeg aldrig kendt; min moder var en fattig bondehustru, som blev plyndret og slåt ihjel i en af de forrige fejder. Peder Kanzler var just dengang ved hånden; han tog sig af mig, fostred mig op og lærte mig våbenhåndværket. Som i véd, har han i mange år været forfulgt af kong Gustav, og jeg har trolig ledsaget ham, hvor han færdedes.
NILS LYKKE.
Peder Kanzler har nok lært jer mere end våbenhåndværket, lader det til. —Nu godt; I er altså ikke Nils Sture. Men I kommer dog fra Sverig. Peder Kanzler har skikket eder hid for at finde en fremmed, som—
NILS STENSSØN *(nikker usagt)*
—som alt er funden.
NILS LYKKE *(noget usikker)*
Og som I ikke kender?
NILS STENSSØN.
Ligesålidt, som I kender mig; thi jeg sværger eder ved Gud Fader selv: jeg er ikke grev Sture!
NILS LYKKE.
Alvorligt, herre?
NILS STENSSØN.
Så sandt som jeg lever! Hvorfor skulde jeg nægte det, hvis så

var?
NILS LYKKE.
Men hvor er da grev Sture?
NILS STENSSØN (dæmpet)
Ja, *det* er just hemmeligheden.
NILS LYKKE (hviskende)
Som er eder bekendt? Ikke så?
NILS STENSSØN (nikker)
Og som jeg har at meddele eder.
NILS LYKKE.
Mig? Nu da,—hvor er han?
NILS STENSSØN
(peger opad).
NILS LYKKE.
Deroppe? Fru Inger holder ham skjult på loftet?
NILS STENSSØN.
Nej, visst ikke; I misforstår mig.
(ser sig forsigtigt om.)
Nils Sture er himlet.
NILS LYKKE.
Død! Hvor?
NILS STENSSØN.
På sin moders slot,—for tre uger siden.
NILS LYKKE.
Ah, I bedrager mig! For fem, sex dage siden drog han over grænsen ind i Norge.
NILS STENSSØN.
Å, det har været mig.
NILS LYKKE.
Men kort tid tilforn havde greven vist sig i Dalarne. Almuen som allerede var urolig, gjorde åbent oprør og vilde kåre ham til konge.
NILS STENSSØN.
Ha-ha-ha; det var jo mig!
NILS LYKKE.
Eder?
NILS STENSSØN.
Nu skal I høre, hvorledes det gik til. En dag kaldte Peder Kanzler mig for sig og lod sig forlyde med, at store begivenheder var i

gære. Han bød mig drage ind i Norge til Østråt, hvor jeg måtte
være tilstede på en bestemt tid—
NILS LYKKE *(nikker)*
Tredje aften efter Mortens-messe.
NILS STENSSØN.
Der skulde jeg møde en fremmed—
NILS LYKKE.
Rigtig; det er mig.
NILS STENSSØN.
Af ham vilde jeg få at vide, hvad jeg senere havde at gøre. Jeg skulde derhos melde ham, at greven pludselig var død, men at det endnu ikke var vitterligt for nogen anden end for hans moder grevinden, samt for Peder Kanzler og nogle gamle husfolk hos Sturerne.
NILS LYKKE.
Jeg forstår. Greven var hovedet for bønderne. Hvis hans død rygtedes, så vilde de gå fra hverandre,—og der blev da intet af det hele.
NILS STENSSØN.
Kan nok hænde; jeg er ikke så inde i de ting.
NILS LYKKE.
Men hvorledes kunde det falde eder ind at give eder ud for greven?
NILS STENSSØN.
Hvorledes det kunde falde mig ind? Ja, hvad véd jeg det? Der er falden mig så mangen galskab ind i mine dage. Det var for resten ikke *mit* påfund; thi hvorsomhelst jeg kom frem i Dalarne, der stimled almuen sammen og hilste mig som grev Sture. Det hjalp ikke, alt hvad jeg sagde dem imod. Greven havde været der for to år siden, fortalte de,—og det mindste barn kendte mig igen. Nå, lad gå, tænkte jeg; du blir aldrig greve mere i dette liv; du kan jo sagtens engang forsøge, hvordan det er.
NILS LYKKE.
Nu,—og hvad tog I jer så videre for?
NILS STENSSØN.
Jeg? Jeg spiste og drak og levede godt. Det var bare skade, at jeg måtte så snart afsted igen. Men da jeg fór over grænsen—ha-ha-ha—så loved jeg dem, at jeg snart skulde komme tilbage med

tre-fire tusend mand—eller hvor mange det nu var,—og så skulde det rigtig gå løs.
NILS LYKKE.
Og det faldt eder ikke ind, at I handlede ubesindigt?
NILS STENSSØN.
Jo, det faldt mig ind bagefter; men da var det rigtignok for sent.
NILS LYKKE.
Det gør mig ondt for eder, min unge ven; men I vil snart komme til at spore følgerne af eders dårskab. Jeg kan fortælle jer, at I er forfulgt. En deling svenske ryttere har sat efter jer.
NILS STENSSØN.
Efter mig? Ha-ha-ha! Nej, det er prægtigt! Og når de så kommer, og mener, at de har fåt klørne i grev Sture—ha-ha-ha!
NILS LYKKE *(alvorligt)*
—så er det ude med eders liv.
NILS STENSSØN.
Mit—? Jeg er jo ikke grev Sture.
NILS LYKKE.
Men I har kaldt almuen til våben. I har gjort oprørske løfter og vækket ufred i landet.
NILS STENSSØN.
Ej, det var jo kun for spøg!
NILS LYKKE.
Kong Gustav vil se sagen på en anden måde.
NILS STENSSØN.
Ja, sandelig, der er noget i, hvad I der siger. At jeg også kunde være så galen—. Nå, det kommer vi vel ud af! I vil jo nok tage jer af mig; og desuden,—rytterne er vel ikke i hælene på mig endnu.
NILS LYKKE.
Men hvad har I så videre at sige mig?
NILS STENSSØN.
Jeg? Ingenting. Når jeg nu bare får givet eder pakken—
NILS LYKKE *(ubetænksomt)*
Pakken?
NILS STENSSØN.
Ja visst; I véd jo—

NILS LYKKE.
Ah, ja rigtig; papirerne fra Peder Kanzler—
NILS STENSSØN.
Se, her har I dem allesammen.
(han rækker ham en pakke, som han har taget frem under sin vams.)
NILS LYKKE *(sagte)*
Breve og pergamenter til herr Olaf Skaktavl.
(til Nils Stenssøn.)
Pakken er åben, ser jeg. Så kender I vel indholdet?
NILS STENSSØN.
Nej, herre, jeg læser ikke gerne skrift; det har så sine årsager.
NILS LYKKE.
Forstår; I har mest lagt vind på våbenhåndværket.
(han sætter sig ved bordet til højre og gennemløber papirerne.)
Aha! Oplysninger, mere end tilstrækkelige for at komme efter, hvad der er i gære.
Dette lille brev med silkesnoren om—
(undersøger udskriften.)
Også til herr Olaf Skaktavl.
(åbner brevet og ser flygtigt på indholdet.)
Fra Peder Kanzler. Det kunde jeg tænke.
(læser mumlende.)
"Jeg er hårdt i betryk; thi—"; ja, ganske rigtigt; her står det; —"den unge junker Sture er gangen til sine fædre just i det samme urolighederne skulde bryde løs"— "—men endnu kan der rådes bod på alting—" Hvad nu?
(han studser og læser videre.)
"I må da vide, herr Olaf Skaktavl, at den unge mand, der bringer eder dette brev, er en søn af—" —Himmel og jord,—står det så? —Ja, ved Kristi blod, det står der!
(med et blik på Nils Stenssøn.)
Han skulde være—? Ah, hvis det var således!
(læser videre.)
"Jeg har fostret ham, fra han var årsgammel; men til denne dag har jeg stadig vægret mig ved at give ham tilbake, fordi jeg tænkte, at jeg i ham skulde have et sikkert gidsel for Inger Gyldenløves troskab imod os og mod vore venner. Dog har han til dette øjemed kun lidet bådet os. I tør vel undres over, at jeg

ikke betrode eder denne hemmelighed, dengang I nys var hos mig her; og jeg vil derfor ærligt tilstå, at jeg frygtede for, I skulde beholde ham i samme øjemed som jeg. Nu derimod, da I er stedet til møde med fru Inger, og venteligen har forvisset eder om, hvor uvillig hun er til at tage sig af vore anliggender, vil I skønne, at det er klogest, så snart ske kan, at give hende tilbage, hvad hendes er. Vel turde det da være muligt, at glæden, trygheden og taknemmeligheden—" — "—dette er nu vort sidste håb".
(han sidder en stund som slagen af overraskelse; da udbryder han for sig selv:)
Aha,—hvilket brev! Det er guld værd!
NILS STENSSØN.
Jeg har nok bragt eder vigtige budskaber, kan jeg skønne. Ja, ja, —Peder Kanzler har mange jern i ilden, siges der.
NILS LYKKE *(hen for sig)*
Hvad gør jeg med alt dette? Her er tusend veje at slå ind på. — Ifald jeg—? Nej, det var for usikkert. Men dersom—? Ah, dersom jeg—? Det skal voves!
(han river brevet tvers over, krøller stykkerne sammen og gemmer dem indenfor vamsen; de øvrige papirer lægger han ind i pakken igen, stikker denne i sit bælte, rejser sig og siger:)
Et ord, min unge ven!
NILS STENSSØN *(nærmer sig)*
Nå,—det lader på jer, som om spillet går godt.
NILS LYKKE.
Ja, det skulde jeg mene. I har givet mig lutter herrekort på hånden,—damer og knægter og—
NILS STENSSØN.
Men jeg, som har bragt jer alle disse gode tidender, har jeg nu ikke mere at bestille?
NILS LYKKE.
I? Jo, det skulde jeg mene. I hører med til spillet. I er konge— og trumf ovenikøbet.
NILS STENSSØN.
Er jeg? Å ja, nu forstår jeg jer; I tænker vel på ophøjelsen—
NILS LYKKE.
Ophøjelsen?

NILS STENSSØN.
Ja; dersom kong Gustavs folk fik fingre i mig, spåde I, så—
(han gør tegn, som en, der hænges.)
NILS LYKKE.
Sandt nok;—men lad ikke det anfægte jer længer. Det står nu til eder selv, om I inden en måned skal bære hampesnoren eller en gylden kæde om halsen.
NILS STENSSØN.
En gylden kæde? Og det står til mig selv?
NILS LYKKE
(nikker).
NILS STENSSØN.
Ja, så måtte fanden betænke sig længe! Men sig mig bare, hvordan jeg skal bære mig ad.
NILS LYKKE.
Det skal jeg. Dog først sværger I mig en dyr ed på, at intet levende menneske i den vide verden får erfare, hvad jeg betror jer.
NILS STENSSØN.
Ikke andet? I skal få ti eder, om I vil.
NILS LYKKE.
Alvor, herre! Jeg spøger ikke med jer.
NILS STENSSØN.
Nå ja, ja; jeg *er* alvorlig.
NILS LYKKE.
I Dalarne kaldte I eder grevesøn;—ikke så?
NILS STENSSØN.
Ej,—begynder I nu med *det* igen? Jeg har jo ærligt skriftet for eder—
NILS LYKKE.
I forstår mig ikke. Hvad I dengang sagde, var sandhed.
NILS STENSSØN.
Sandhed? Hvor vil I nu hen? Men så sig mig da—!
NILS LYKKE.
Først eden! Den helligste, den ubrydeligste, I kender.
NILS STENSSØN.
Den skal I få. Hist på væggen hænger jomfru Marias billede—
NILS LYKKE.
Jomfru Maria er bleven affældig på den sidste tid. Har I ikke

hørt, hvad munken i Wittenberg påstår?
NILS STENSSØN.
Fy; hvor vil I agte på munken i Wittenberg? Det er jo en kætter, siger Peder Kanzler.
NILS LYKKE.
Ja, lad os ikke strides derom. Men her skal jeg vise eder en fuldgod helgen at gøre løfte til.
(han peger på et billede, der hænger på en af vægstolperne.)
Kom hid,—og sværg mig taushed indtil jeg selv løser eders tunge,—taushed, såsandt I håber himlens salighed for eder selv og for ham, som her hænger afbildet.
NILS STENSSØN
(idet han nærmer sig billedet)
Det sværger jeg,—hjælpe mig så sandt Guds hellige ord!
(viger overrasket tilbage.)
Men, Krist, min frelser—!
NILS LYKKE.
Hvad nu?
NILS STENSSØN.
Billedet *der*—! Det er jo mig selv!
NILS LYKKE.
Det er den gamle Sten Sture, således, som han i sine yngre år gik og stod her i livet.
NILS STENSSØN.
Sten Sture!—Og ligheden—? Og—jeg talte sandhed, da jeg kaldte mig grevesøn, sagde I? Var det ikke så?
NILS LYKKE.
Så var det.
NILS STENSSØN.
Ah, jeg har det; jeg har det! Jeg er—
NILS LYKKE.
I er Sten Stures søn, herre!
NILS STENSSØN *(slagen af stille forundring)*
Jeg Sten Stures søn!
NILS LYKKE.
Også på mødrene-side er I adelsbåren. Peder Kanzler har talt usandt, hvis han har sagt, at en fattig bondehustru var eders moder.

NILS STENSSØN.
Selsomt; vidunderligt!—Men kan jeg da også tro—?
NILS LYKKE.
Alt, hvad jeg siger eder, kan I tro. Men kom vel ihug, at det er altsammen til eders eget fordærv, dersom I glemmer, hvad I tilsvor mig ved eders faders salighed.
NILS STENSSØN.
Glemme det? O nej, det kan I være sikker på, jeg ikke skal. — Men I, som jeg har givet mit ord,—sig mig—hvem er I?
NILS LYKKE.
Mit navn er Nils Lykke.
NILS STENSSØN *(overrasket)*
Nils Lykke? Dog vel ikke den danske rigsråd?
NILS LYKKE.
Jo netop.
NILS STENSSØN.
Og I skulde—? Det var selsomt. Hvordan kommer I—?
NILS LYKKE.
—til at modtage budsendelser frå Peder Kanzler? Det undrer eder nok?
NILS STENSSØN.
Ja, jeg skal ikke nægte det. Han har altid nævnt eder som vor bitreste avindsmand—
NILS LYKKE.
Og derfor mistror I mig?
NILS STENSSØN.
Nej, *det* just ikke; men—. Nå; fanden måtte gruble!
NILS LYKKE.
Det har I ret i. Følger I eders eget hoved, så er bastesnoren eder ligeså viss, som grevenavnet og den gyldne kæde, dersom I forlader eder på mig.
NILS STENSSØN.
I et og alt! Se, her er min hånd, kære herre! Hjælp I mig med gode råd, så længe det er fornødent. Når det gælder at hugge løs, skal jeg nok berge mig selv.
NILS LYKKE.
Det er godt. Følg mig nu did ind i kammeret, så skal jeg sige jer, hvordan alt dette hænger sammen, og hvad I videre har at gøre. *(han går ud til højre.)*

NILS STENSSØN *(med et blik på billedet)*
Jeg Sten Stures søn! O, vidunderligt, som en drøm—!
(han følger efter Nils Lykke.)

FJERDE AKT.

(Riddersalen, ligesom før, kun at spisebordet er borttaget.)

(Kammersvenden Bjørn lyser med en tændt armstage fru Inger Gyldenløve og herr Olaf Skaktavl ind gennem den anden dør til venstre. Fru Inger har nogle papirer i hånden.)

FRU INGER *(til Bjørn)*
Og du er viss på, at min datter har talt med ridderen her i salen?
BJØRN *(idet han sætter armstagen på bordet til venstre)*
Ganske viss. Jeg mødte hende just i det samme hun trådte ud på gangen.
FRU INGER.
Og da lod hun til at være oprørt i sindet? Var det ikke så?
BJØRN.
Hun så ganske bleg og forstyrret ud. Jeg spurgte, om hun var syg; men i stedet for at svare på mit spørgsmål sagde hun: "gå ind til min moder og sig hende, at ridderen drager herfra endnu før dagbrækningen; hvis hun har brev eller budskab til ham, så bed hende, at hun ikke forvolder ham unødigt ophold". Og så føjed hun noget til, som jeg ikke rigtigt kunde høre.
FRU INGER.
Hørte du det slet ikke?
BJØRN.
Det lød for mig, som om hun sagde: "næsten tror jeg, han alt har været for længe på Østråt".
FRU INGER.
Og ridderen? Hvor er han?
BJØRN.
Jeg tænker, han er inde på sit kammer i portfløjen.
FRU INGER.
Det er godt. Jeg har færdigt, hvad jeg agter at give ham med. Gå ind til ham og sig, at jeg venter ham her i salen.

(Bjørn går ud til højre.)
OLAF SKAKTAVL.
Véd I hvad, fru Inger,—rigtignok er jeg i slige ting så blind som en muldvarp; men det bæres mig dog for, som om—hm!
FRU INGER.
Nu?
OLAF SKAKTAVL.
—som om Nils Lykke var eders datter god.
FRU INGER.
Da er I nok ikke *så* blind endda; thi jeg måtte storligen tage fejl, dersom I ikke havde ret. Lagde I ikke mærke til, hvor begærligt han ved natverdsbordet lytted efter det mindste ord, jeg fortalte om Eline?
OLAF SKAKTAVL.
Han glemte både mad og drikke.
FRU INGER.
Og vore hemmelige anliggender med.
OLAF SKAKTAVL.
Ja, og det som mere er,—papirerne fra Peder Kanzler.
FRU INGER.
Og af alt dette slutter I vel—?
OLAF SKAKTAVL.
Af alt dette slutter jeg først og fremst, at da I kender Nils Lykke og véd, hvad ry der går af ham, fornemmelig i kvindevejen, så—
FRU INGER.
—så bør det være mig kært at vide ham udenfor porten?
OLAF SKAKTAVL.
Ja; og det jo før jo heller.
FRU INGER *(smilende)*
Nej,—lige det modsatte, Olaf Skaktavl!
OLAF SKAKTAVL.
Hvordan mener I?
FRU INGER.
Hvis det forholder sig, som vi begge tror, så må Nils Lykke ikke for nogen pris forlade Østråt for det første.
OLAF SKAKTAVL *(ser misbilligende på hende)*
Er I nu atter inde på krogveje, fru Inger? Hvad er det for anslag I pønser på? Er det noget, som kan øge eders magt til skade for os og—?

FRU INGER.
Ah, denne kortsynethed, som gør alle så ubillige imod mig! Jeg kan se på jer, I tror det er min agt at kåre Nils Lykke til svigersøn. Hvis sligt lå i min tanke, hvorfor skulde jeg da vægret mig ved at tage del i de ting, som nu forberedes i Sverig, og som Nils Lykke og hele det danske tilhæng synes villig til at understøtte?

OLAF SKAKTAVL.
Men når det ikke er eders ønske at vinde og binde ham,—hvad har I så i sinde med ham?

FRU INGER.
Det skal jeg med få ord forklare jer. I et brev til mig har Nils Lykke nævnt det som et held at kunne komme ind i vor slægt; og jeg vil være så ærlig at tilstå, at jeg virkelig et øjeblik gav mig til at tænke over sagen.

OLAF SKAKTAVL.
Nu, ser I vel!

FRU INGER.
At knytte Nils Lykke til min æt, var jo et mægtigt middel til at forlige mange uenige her i landet.

OLAF SKAKTAVL.
Eders datter Meretes giftermål med Vinzents Lunge, synes mig, måtte vise eder, hvad slige midler virker. Aldrig så såre fik herr Lunge fast fod hos os, før han rev til sig både gods og rettigheder—

FRU INGER.
Ak, jeg véd det, Olaf Skaktavl! Men stundom går der så mangehånde tanker gennem mit sind. Jeg kan ikke betro mig fuldt ud, hverken til eder eller til nogen. Tidt véd jeg ikke, hvad der var rettest for mig. Og alligevel—; anden gang at kåre en dansk herre til svigersøn,—det er en udvej, som jeg kun i den yderste nød gad gribe til; og, himlen være lovet,—*så* vidt er det endnu ikke kommet!

OLAF SKAKTAVL.
Jeg er lige klog,fru Inger;—hvorfor agter I at holde Nils Lykke tilbage på Østråt.

FRU INGER *(dæmpet)*
Fordi jeg bærer et inderligt nag til ham. Nils Lykke har krænket mig blodigere end nogen anden. Jeg kan ikke sige jer, hvad det

ligger i. Men ro får jeg ikke, før jeg har taget hævn over ham.
Forstår I mig ikke? Sæt, at Nils Lykke blev min datter god. Jeg
synes, at det vel var tænkeligt. Jeg vil formå ham til at blive her.
Han skal lære Eline nøjere at kende. Hun er både fager og
kløgtig. —Ah, om han engang med hed elskov i hjertet trådte
frem for mig og bad om hende! Da—at jage ham væk som en
hund; jage ham væk med spot, med hån, med foragt; gøre det
kundbart over hele landet, at Nils Lykke forgæves havde prøvet
at bejle sig ind på Østråt—! Jeg siger eder,—jeg kunde give ti år
af mit liv for at få opleve en slig stund.
OLAF SKAKTAVL.
Hånden på hjertet, Inger Gyldenløve,—*det* er altså eders hensigt
med ham?
FRU INGER.
Det og intet andet, så sandt Gud lever! I må tro mig, Olaf
Skaktavl, jeg mener det ærligt med mine landsmænd. Men jeg er
så lidet min egen herre. Der gives visse ting, som må holdes
dulgt, hvis jeg ikke skal rammes til døden. Dog, er jeg først
sikker fra *den* kant, da skal I erfare, om jeg har glemt, hvad jeg
svor ved Knut Alfsøns lig.
OLAF SKAKTAVL *(ryster hendes hånd)*
Tak for hvad I der siger mig! Jeg vilde så nødig tro ilde om eder.
—Men hvad forehavendet med ridderen angår, så tykkes det
mig, at I frister et voveligt spil. Dersom I nu forregned eder?
Dersom eders datter—? Thi der siges jo, at ingen kvinde
mægter stå sig imod denne snigende djævel.
FRU INGER.
Min datter? Tror I, at hun—? Nej, vær kun tryg; jeg kender Eline
bedre. Alt, hvad hun har hørt til hans pris, har gjort hende
hadsk imod ham. I har jo selv med egne øjne fornummet—
OLAF SKAKTAVL.
Ja-ja,—kvindesind er en utryg grund at bygge på. Se jer for
skulde I dog.
FRU INGER.
Det vil jeg også; jeg vil holde vagtsomt øje med dem. Men skulde
det endog lykkes ham at fange hende i sit garn, da behøver jeg
blot at hviske hende to ord i øret, og så—
OLAF SKAKTAVL.
Hvad så?

FRU INGER.
—så vil hun sky ham, som om han var en udsending fra den lede frister selv.
Stille, Olaf Skaktavl! Der kommer han. Vær nu besindig.
(Nils Lykke kommer ind gennem den forreste dør til højre.)
NILS LYKKE *(går høfligt hen imod Fru Inger)*
Min ædle frue har ladet mig kalde.
FRU INGER.
Gennem min datter er det mig sagt, at I tænker på at forlade os endnu inat.
NILS LYKKE.
Desværre;—mit hverv på Østråt er jo til ende.
OLAF SKAKTAVL.
Ikke før jeg har fået mine papirer.
NILS LYKKE.
Ganske sandt. Næsten havde jeg glemt det vigtigste af mit ærende. Men det er også vor høje værtindes skyld. Ved bordet forstod hun så kløgtigt og så lifligt at sysselsætte sine gæster—
FRU INGER.
At I ej længer kom ihug, hvad der førte eder hid? Det glæder mig; thi så var just min agt. Jeg tænkte, at skulde min gæst, Nils Lykke, finde sig vel tilmode på Østråt, så måtte han—
NILS LYKKE.
Hvilket, frue?
FRU INGER.
—først og fremst glemme sit ærende—og alt, hvad der for resten er gået forud for hans komme.
NILS LYKKE *(til Olaf Skaktavl, idet han fremtager pakken og rækker ham den)*
Papirerne fra Peder Kanzler. I vil der finde fuldstændige oplysninger om vore tilhængere i Sverig.
OLAF SKAKTAVL.
Det er godt.
(han sætter sig ved bordet til venstre, hvor han åbner og gennemblader pakken.)
NILS LYKKE.
Og nu, fru Inger Gyldenløve,—nu véd jeg ikke her er mere for mig at gøre.

FRU INGER.
Såfremt det blot og bart er statssager, der har ført os sammen, da har I måske ret. Men *det* vilde jeg dog nødig tro.
NILS LYKKE.
I mener—?
FRU INGER.
Jeg mener, det er ikke alene som dansk rigsråd eller som Peder Kanzlers forbundsfælle, at Nils Lykke tog sig for at gæste mig. —Skulde jeg fejle, hvis jeg bildte mig ind, at I nede i Danmark kunde have hørt et eller andet, som gjorde eder nyfigen efter nærmere at kende fruen på Østråt.
NILS LYKKE.
Det være langt fra mig at nægte—
OLAF SKAKTAVL *(bladende i papirene)*
Besynderligt. Slet intet brev.
NILS LYKKE.
—fru Inger Gyldenløves ry er jo altfor vidt udbredt, til at jeg ikke længe skulde have higet efter at se hende ansigt til ansigt.
FRU INGER.
Så tænkte jeg vel. Men hvad forslår da *det* at skemte bort en times tid ved natverdsbordet? Hvad der før har været imellem os, vil vi forsøge at slå en streg over. Vel turde det føje sig så, at den Nils Lykke, jeg kender, lagde en skygge over naget til ham, som jeg ikke har kendt. Forlæng nu eders ophold her i nogle dage, herr rigsråd! Olaf Skaktavl tør jeg ikke overtale. Han har jo sine lønlige hverv i Sverig. Hvad derimod eder angår, da har I visstnok i forvejen indledet sagerne så snildt, at eders nærværelse neppe gøres fornøden. Tro mig, I skal ikke komme til at finde tiden lang hos os; i det mindste vil både jeg og min datter opbyde alle kræfter for at være eder ret hjertelig til behag.
NILS LYKKE.
Jeg tviler hverken om eders eller eders datters gode sindelag imod mig. Derom har jeg jo fået fuldgode vidnesbyrd. Men I vil visstnok erkende, at min nærværelse andetsteds er uomgængelig fornøden, når jeg desuagtet må erklære det for umuligt at forlænge mit ophold på Østråt.
FRU INGER.
Nå således!—Véd I hvad, herr rigsråd,—dersom jeg var

ondskabsfuld, så kunde jeg falde på at tro, at I var kommen til
Østråt for at prøve en dyst med mig. Denne dyst synes I nu I har
tabt, og derfor er det eder ukært at dvæle længere på
slagmarken mellem vidnerne til eders nederlag.
NILS LYKKE (smilende)
Der kunde være skellig grund til en slig tydning; men visst er
det, at *jeg* endnu ikke holder slaget for tabt.
FRU INGER.
Det være nu som det vil; dersom I dvæler nogle dage hos os, så
kan det ialfald vindes tilbage. Ja, I ser selv, hvor tvilrådig jeg står
og vipper på skillevejen,—overtaler min farlige angriber til ikke
at rømme marken. —Nu, rent ud sagt, tingen er denne: eders
forbund med de misfornøjede i Sverig forekommer mig endnu
noget—ja, hvad skal jeg kalde det?—noget vidunderligt, herr
rigsråd! Jeg siger eder dette uden omsvøb, kære herre! Den
tanke, som har ledet kongens råd til dette lønlige skridt, tykkes
mig såre klog; men den stikker stærkt af mod visse af eders
landsmænds fremfærd i de forløbne år. Det må derfor ikke
krænke jer, om min lid til eders gode løfter trænger til at støttes
lidt bedre, forinden jeg lægger velfærd og gods i eders hænder.
NILS LYKKE.
For dette øjemed vilde et længere ophold på Østråt neppe være
til nogen nytte; thi jeg agter intet yderligere forsøg at gøre på at
rokke eders beslutning.
FRU INGER.
Da ynker jeg eder af et oprigtigt hjerte. Ja, herr rigsråd,—vel
står jeg her som en rådløs enke; men I kan tro mig på mit ord,
og jeg spår jer, at der vil komme til at vokse torne for jer af
eders rejse til Østråt.
NILS LYKKE (med et smil)
Spår I det, fru Inger?
FRU INGER.
Tilvisse! Hvad skal man vel sige, kære herre? Menneskene er så
klaffersyge nuomstunder. Mere end én spottefugl vil digte
smædeviser om eder. Inden et halvt år vil I være i folkemunde;
man vil stanse og se efter eder på alfar vej; man vil sige: se;
se, *der* rider herr Nils Lykke, som drog op til Østråt for at fange
Inger Gyldenløve, men som blev hængende i sin egen snare. —
Nå, nå, ikke så utålmodig, herr ridder! Det er jo

ikke *min* mening; men så vil alle slemme og ondskabsfulde mennesker dømme. Og dem gives der, desværre, nok af!—Ja, det er ilde; men det er sandt og visst,—spot vil blive eders løn, —spot over, at en kvinde var snildere end I. "Listig som en ræv sneg han sig ind på Østråt", vil man sige,—"skamfuld som en hund lusked han igen afgårde". —Og endnu ét: mener I ej, at Peder Kanzler og hans venner vil bede sig fri for eders bistand, når det rygtes, at *jeg* ikke trøster mig til at stride under eders mærke?
NILS LYKKE.
I taler viseligen, frue! Og for ej at udsætte mig for spot,— endvidere, for ej at bryde samvirket med alle de kære venner i Sverig, så nødes jeg til—
FRU INGER *(hurtig)*
—at forlænge eders ophold på Østråt?
OLAF SKAKTAVL *(der har lyttet)*
Nu går han i fælden!
NILS LYKKE.
Nej, min ædle frue;—jeg nødes til at komme overens med eder endnu i denne time.
FRU INGER.
Men ifald det nu ikke skulde lykkes?
NILS LYKKE.
Det *vil* lykkes.
FRU INGER.
I er sikker i eders sag, som det lader.
NILS LYKKE.
Hvad vædder vi, at I går med på mine og Peder Kanzlers anslag?
FRU INGER.
Østråt gård mod eders knæspænder!
NILS LYKKE *(slår sig på brystet og råber):*
Olaf Skaktavl,—her ser I herren på Østråt!
FRU INGER.
Herr rigsråd!—
OLAF SKAKTAVL *(rejser sig fra bordet)*
Hvad nu?
NILS LYKKE *(til Fru Inger)*
Væddemålet modtager jeg ikke; thi om et øjeblik skænker I mig gerne Østråt gård og mere til, for at fri eder ud af snaren, hvori

ikke jeg men I selv er hildet.
FRU INGER.
Eders skemt begynder at blive noget lystig, herre!
NILS LYKKE.
Den bliver lystigere endnu,—i det mindste for mig. I pukker på at have overlistet mig. I truer med at dynge på mig alle menneskers hån og spot. Ah, I skulde vel vogte jer for at egge min hævnlyst; thi jeg kan med to ord bøje eder i knæ for mine fødder.
FRU INGER.
Ha-ha—!
(stanser pludselig som greben af en anelse.)
Og disse to ord, Nils Lykke? Disse to ord—?
NILS LYKKE.
—er hemmeligheden om eders og Sten Stures søn.
FRU INGER *(med et skrig)*
O, Jesus Krist—!
OLAF SKAKTAVL.
Inger Gyldenløves søn! Hvad siger I?
FRU INGER *(halvt i knæ for Nils Lykke)*
Nåde! O, vær barmhjertig—!
NILS LYKKE *(løfter hende op)*
Kom til eder selv, og lad os tale besindigt sammen.
FRU INGER *(med lav stemme og halvt forvildet)*
Hørte I det, Olaf Skaktavl? Eller var det kun en drøm? Hørte I, hvad han sagde?
NILS LYKKE.
Det var ingen drøm, fru Inger!
FRU INGER *(slår hænderne sammen)*
Og I véd det! I,—I! —Men hvor har I ham da? Hvor har I ham? Hvad vil I gøre med ham?
(skriger:)
Dræb ham ikke, Nils Lykke! Giv mig ham igen! Dræb ham ikke for mig!
OLAF SKAKTAVL.
Ah. jeg begynder at begribe—
FRU INGER.
Og denne angst—; denne kvælende rædsel—. Jeg har båret på det i mangfoldige år,—og så skulde det briste alt tilhobe, og jeg

får friste slig nød og kvide!—Herre min Gud, er dette ret af dig? Var det derfor, du gav mig ham?
(hun tager sig sammen og siger med tilkjempet fatning:)
Nils Lykke,—sig mig én ting. Hvor har I ham? Hvor er han?
NILS LYKKE.
Hos sin fosterfader.
FRU INGER.
Endnu hos sin fosterfader. O, denne ubønhørlige mand—! Altid har han nægtet mig—. Men det må ikke længer blive således ved! Hjælp mig, Olaf Skaktavl!
OLAF SKAKTAVL.
Jeg?
NILS LYKKE.
Det vil ej være fornødent, såfremt I kun—
FRU INGER.
Hør mig, herr rigsråd! Hvad I véd, det skal I vide tilbunds. Og I også, gamle trofaste ven!—
Nu vel da! I mindet mig før om hin usalige dag, da Knut Alfsøn blev slagen ved Oslo. I mindet mig om det løfte, jeg gjorde, da jeg stod ved liget mellem Norges gæveste mænd. Jeg var knapt fuldvoksen dengang; men jeg kendte Guds kraft i mig, og jeg mente, hvad mange har ment sidenefter, at Herren selv havde sat sit mærke på mig og kåret mig til at stride forrest for land og rige.
Var det hovmod? Eller var det en åbenbarelse ovenfra? Jeg er aldrig kommen tilbunds i det. Men ve hver den, som har fået en stor gerning at bære på.
I syv år tør jeg sige, at jeg trolig holdt, hvad jeg havde lovet. Jeg stod sammen med mine landsmænd i trængsler og nød. Alle mine legesøstre sad som hustruer og mødre trindt om i landet. Jeg alene turde ikke høre på nogen bejler. Ikke på *nogen*. I véd det bedst, Olaf Skaktavl!
Da så jeg første gang Sten Sture. Fagrere mand havde jeg aldrig set tilforn.
NILS LYKKE.
Ah, det går op for mig! Sten Sture var den tid i Norge i et hemmeligt ærende. Vi Danske turde ikke vide, at han var velsindet mod eders venner.

FRU INGER.
Forklædt som en ringe svend leved han en vinter under tag med mig.
Den vinter tænkte jeg mindre og mindre på rigets velfærd. —Så fager en mand havde jeg aldrig set. Og jeg var bleven henimod de fem og tyve år—
Næste høst kom Sten Sture igen. Og da han atter drog bort, tog han med sig i al løndom et spædt barn. Det var ikke menneskenes onde tunger, som jeg frygted, men det vilde have skadet vor sag, ifald det havde rygtedes, at Sten Sture stod mig så nær.
Barnet blev sat til opfostring hos Peder Kanzler. Jeg vented på bedre tider, som snart skulde komme. Aldrig kom de. Sten Sture gifted sig to år efter i Sverig, og da han døde, efterlod han sig enke—
OLAF SKAKTAVL.
—og med hende en lovlig arving til sit navn og sine rettigheder.
FRU INGER.
Gang efter gang skrev jeg til Peder Kanzler og bønfaldt ham om at give mig mit barn tilbage. Men han vægred sig stadigen. "Slut eder fast og ubrydelig til os", svared han, "så sender jeg eders søn til Norge; før ikke". Hvor skulde jeg vove *det*? Vi misfornøjede var dengang ilde set af mange frygtagtige her i landet. Dersom disse fik nys i sagen—o, jeg véd det! for at stække moderen, skulde de gerne have beredt barnet den samme skæbne, som kong Kristjern skulde fristet, om ikke flugten havde frelst ham.
Men foruden *det*, var også Danskerne virksomme. De forsømte hverken trusler eller løfter for at drive mig over på sin side.
OLAF SKAKTAVL.
Begribeligt. Alles øjne vogted på eder, som på den vindfløj, de skulde sejle efter.
FRU INGER.
Nu kom Herluf Hydefads oprør. Mindes I hin tid, Olaf Skaktavl? Var det ikke, som om en solfuld vår gik over hele landet! Stærke røster maned mig at komme udenfor;—men jeg turde det ikke. Jeg sad tvilrådig—langt fra striden—på min ensomme gård. Stundom var det, som om Gud Herren selv råbte på mig; men da kom denne dræbende angst igen og lamslog al vilje. "Hvem vil

sejre?" se, *det* var spørgsmålet, som idelig ringed for mine øren. Det var en kortvarig vår, som dengang brød frem over Norge. Herluf Hydefad, og mangfoldige med ham, lagdes *på* stejle og hjul i de måneder, som fulgte på. Mig kunde ingen kræve til regnskab. Og dog mangled det ikke på forblommede trusler fra Danmark. Hvad, om de kendte hemmeligheden? Til slut vidste jeg ikke at tyde det anderledes, end at de kendte den.

I slig en kvidefuld tid var det, at rigshovmester Gyldenløve kom herop og forlangte mig tilægte. Lad en ængstet moder tænke sig i mit sted—! En måned efter var jeg rigshovmesterens hustru,— og hjemløs i mine landsmænds hjerter.

Så kom de stille år. Ingen rejste sig mere. Herrerne kunde trykke os ned så dybt og så tungt de lysted. Der var stunder, da jeg væmmedes over mig selv. Thi hvad havde jeg at gøre? Intet, uden at ængstes, forhånes og føde døtre til verden. Mine døtre! Gud må forlade mig det, ifald jeg ikke har en moders hjerte for dem. Mine pligter som hustru var mig et hoveriarbejde. Hvor kunde jeg så elske mine døtre? O, med min søn var det anderledes! *Han* var min sjæls eget barn. Han var den eneste, som minded mig om den tid, da jeg var kvinde og intet andet end kvinde. —Og ham havde de taget fra mig! Han vokste op mellem fremmede, som måske såde fordærvelsens sæd i ham! Olaf Skaktavl,— havde jeg, som I, vandret jaget og forladt på højfjeldet, i vinter og uvejr,—hvis jeg havde havt mit barn i mine arme,—tro mig, jeg skulde ikke have sørget og grædt så sårt, som jeg har sørget og grædt for ham fra hans fødsel og til denne time!

OLAF SKAKTAVL.
Der er min hånd. Jeg har dømt eder for hårdt, fru Inger! Byd og råd over mig som før. Jeg skal lystre. —Ja, ved alle hellige,— jeg véd, hvad det vil sige at sørge for sit barn.

FRU INGER.
Voldsmænd slog eders. Men hvad er døden mod en hvileløs angst gennem alle de lange år?

NILS LYKKE.
Nu vel; det står i eders magt at ende denne angst. Forson de stridende parter, så tænker ingen af dem på at tilegne sig eders barn som borgen for eders troskab.

FRU INGER *(hen for sig)*
Dette er himlens hævn—
(ser på ham.)
Sig kort og godt, hvad I fordrer.
NILS LYKKE.
Først fordrer jeg, at I skal kalde den nordenfjeldske almue under våben for at støtte de misfornøjede i Sverig.
FRU INGER.
Og dernæst—?
NILS LYKKE.
—at I virker for, at den unge grev Sture kan blive indsat i sin slægts rettigheder som Sverigs styrer.
FRU INGER.
Han? I fordrer, at jeg—?
OLAF SKAKTAVL *(sagte)*
Det er mange Svenskers ønske. Også vi vilde være vel tjent dermed.
NILS LYKKE.
I betænker eder, min frue? I skælver for eders søns sikkerhed. Hvor kan I da ønske noget bedre, end at se hans halvbroder på tronen?
FRU INGER *(tankefuld)*
Vel sandt;—vel sandt—
NILS LYKKE *(betragter hende skarpt)*
Medmindre der skulde være andre anslag i gære—
FRU INGER.
Hvad mener I?
NILS LYKKE.
At Inger Gyldenløve pønsed på at blive—kongemoder.
FRU INGER.
Nej, nej! Giv mig mit barn tilbage, så kan I give kronerne til hvem I vil.
Men véd I da også, om grev Sture er villig—?
NILS LYKKE.
Derom kan han selv forvisse eder.
FRU INGER.
Han selv? Og når?
NILS LYKKE.
I denne time.

OLAF SKAKTAVL.
Hvordan?
FRU INGER.
Hvad siger I?
NILS LYKKE.
Med ét ord, at grev Sture befinder sig på Østråt.
OLAF SKAKTAVL.
Her?
NILS LYKKE *(til fru Inger)*
Det blev eder måske berettet, at jeg red selv anden gennem porten? Greven var min følgesvend.
FRU INGER *(sagte)*
Jeg er i hans vold. Her er intet valg længer.
(ser på ham og siger:)
Godt, herr rigsråd,—I skal få min forsikring om bistand.
NILS LYKKE.
Skriftlig?
FRU INGER.
Som I begærer.
(hun går over til bordet på venstre side, sætter sig og tager skrivesager frem af skuffen.)
NILS LYKKE *(afsides, ved bordet til højre)*
Endelig sejrer jeg da!
FRU INGER. *(efter et øjebliks betænkning, vender sig pludselig over stolen mod Olaf Skaktavl og hvisker):*
Olaf Skaktavl,—nu ved jeg det med visshed,—Nils Lykke er en forræder!
OLAF SKAKTAVL *(sagte)*
Hvordan? I tror—?
FRU INGER.
Han pønser på svig.
(hun lægger papir tilrette og dypper pennen.)
OLAF SKAKTAVL.
Og dog vil I skrive en slig forsikring, som kan volde eders undergang?
FRU INGER.
Stille; lad mig råde. Nej, vent, og hør først—
(hun taler hviskende med ham.)

NILS LYKKE *(sagte, holder øje med dem)*
Ah, rådslå kun, så meget I lyster! Nu er al fare forbi. Med hendes skrevne tilsagn i lommen kan jeg forklage hende, hvad time det skal være. Endnu i denne nat et hemmeligt bud til Jens Bjelke—. Jeg har mit ord i behold, når jeg forsikrer ham, at den unge grev Sture ikke er på Østråt. Og så imorgen, når vejen er fri,—til Trondhjem med junkeren. Derfra tilskibs med ham som fange til København. Sidder han først i tårnet dernede, kan vi foreskrive fru Inger, hvad kår os lyster. Og jeg—? Efter dette tænker jeg ikke, kongen lægger sendelsen til Frankrig i andre hænder end mine.
FRU INGER *(fremdeles hviskende til Olaf Skaktavl)*
Nu, I har altså forstået mig?
OLAF SKAKTAVL.
Tilfulde. Lad det voves, som I vil.
(han går ud til højre i baggrunden.)
(Nils Stenssøn kommer ind gennem den forreste dør til højre, uden at bemærkes af fru Inger, der er begyndt at skrive.)
NILS STENSSØN *(med dæmpet stemme)*
Herr ridder,—herr ridder!
NILS LYKKE *(hen imod ham)*
Uforsigtige! Hvad vil I her? Har jeg ikke sagt, I skulde vente derinde, til jeg kaldte på jer?
NILS STENSSØN.
Hvor kunde jeg det? Nu, da I har betroet mig, at Inger Gyldenløve er min moder, nu tørster jeg mere end nogensinde efter at se hende ansigt til ansigt—
O, det er hende! Hvor stolt og høj! Således har jeg altid tænkt mig hende. Vær ikke ræd, kære herre;—jeg skal ikke forgå mig. Siden jeg fik denne hemmelighed at vide, kender jeg mig ligesom ældre og sindigere. Jeg vil ikke længer være vild og forfløjen. Jeg vil være som de andre adelige junkere. —Hør, sig mig,—véd hun, at jeg er her? I har vel forberedt hende?
NILS LYKKE.
Ja, visst nok har jeg det, men—
NILS STENSSØN.
Nu?
NILS LYKKE.
—hun vil ikke kendes ved jer som søn.

NILS STENSSØN.
Vil hun ikke kendes ved mig? Men hun er jo min moder. —O, når der ikke er andet ivejen—
(han tager frem en ring, som han bærer i en snor om halsen.)
—så vis hende denne ring. Jeg har båret den fra mine tidligste år. Den må hun vel vide besked om.
NILS LYKKE.
Gem ringen, menneske! Gem den, siger jeg!
I forstår mig ikke. Fru Inger tviler ingenlunde om, at I er hendes barn; men,—ja, se eder om; se al denne rigdom; se alle disse mægtige forfædre og frænder, hvis billeder prunker både højt og lavt på alle vægge; og endelig hun selv, denne stolte kvinde, der er vant til at byde som den første adelsfrue i riget. Tror I, det kan være hende kært at vise frem en fattig, uvidende svend for menneskenes øjne og sige: se her, denne er min søn!
NILS STENSSØN.
Ja, I har visseligen ret. Jeg er fattig og uvidende. Jeg har intet at byde hende i vederlag for hvad jeg fordrer. O, aldrig har jeg følt mig tynget af min armod før i denne stund! Men sig mig,—hvad tror I, jeg skal gøre for at vinde hendes godhed? Sig mig det, kære herre; I må dog vide det!
NILS LYKKE.
I skal vinde land og rige. Men indtil det kan ske, må I vel vogte eder for at såre hendes øren ved at ymte om slægtskab eller sligt. Hun vil te sig, som om hun holdt eder for at være den virkelige grev Sture, så længe til I selv gør eder værdig at kaldes hendes søn.
NILS STENSSØN.
O, men så sig mig da—!
NILS LYKKE.
Stille; stille!
FRU INGER *(rejser sig og rækker ham papiret)*
Herr ridder,—her har I mit tilsagn.
NILS LYKKE.
Jeg takker eder.
FRU INGER *(idet hun bemærker Nils Stenssøn)*
Ah,—denne unge mand er—?
NILS LYKKE.
Ja, fru Inger, det er grev Sture.

FRU INGER *(afsides, ser stjålent på ham)*
Træk for træk;—ja, ved Gud,—det er Sten Stures søn!
(træder nærmere og siger med kold høflighed:)
Vær hilset under mit tag, herr greve! Det hviler i eders hånd, hvorvidt vi inden et år skal velsigne dette møde eller ej.
NILS STENSSØN.
I min hånd? O, byd mig, hvad jeg skal gøre! Tro mig, jeg har både mod og vilje—
NILS LYKKE *(lytter urolig)*
Hvad er det for larm og støj, fru Inger? Det er nogen, som vil her ind. Hvad skal dette sige?
FRU INGER *(med hævet røst)*
Det er ånderne, som vågner!
(Olaf Skaktavl, Ejnar Huk, Bjørn, Finn, samt mange bønder og huskarle kommer ind fra højre side i baggrunden.)
BØNDER OG HUSKARLE.
Hil være fru Inger Gyldenløve!
FRU INGER *(til Olaf Skaktavl)*
Har I sagt dem, hvad der er i gære?
OLAF SKAKTAVL.
Alt, hvad de behøver at vide, har jeg sagt dem.
FRU INGER *(til flokken)*
Ja nu, mine trofaste husfolk og bønder, nu må I væbne eder, som I bedst véd og kan. Hvad jeg tidligere iaftes satte mig imod, det være eder nu i fuldeste måde tilstedet. Og her stiller jeg frem for eder den unge grev Sture, Sveriges vordende styrer,—og Norges med, hvis Gud så vil det.
HELE MÆNGDEN.
Hil ham! Hil grev Sture!
(Almindelig bevægelse. Både bønder og huskarle udsøger sig våben og ifører sig brystplader og stålhuer, alt under stor larm.)
NILS LYKKE *(sagte og urolig)*
Ånderne vågner, sagde hun? På skrømt har jeg manet oprørsdjævelen frem. Fordømt, om han skulde vokse mig over hovedet!
FRU INGER *(til Nils Stenssøn)*
Af mig modtager I her den første håndsrækning,—treti ridende bønder, som skal følge og beskytte eder. Tro mig,—inden I når grænsen, har mange hundrede stillet sig under mit og eders

mærke. Og rejs så med Gud!
NILS STENSSØN.
Tak,—Inger Gyldenløve! Tak,—og vær sikker på, I skal aldrig komme til at skamme eder over—over grev Sture! Hvis I ser mig igen, da har jeg vundet land og rige!
NILS LYKKE *(for sig selv)*
Ja, *hvis* hun ser dig igen.
OLAF SKAKTAVL.
Hestene venter, I gode bønder! Er I så rede—?
BØNDERNE.
Ja, ja, ja!
NILS LYKKE *(urolig, til fru Inger)*
Hvordan? Det er da vel ikke eders agt allerede nu inat—?
FRU INGER.
I dette øjeblik, herr ridder!
NILS LYKKE.
Nej, nej, umuligt!
FRU INGER.
Som jeg siger.
NILS LYKKE *(sagte til Nils Stenssøn)*
Lyd hende ikke!
NILS STENSSØN.
Hvor kan jeg andet! Jeg *vil*; jeg *må*!
NILS LYKKE.
Men det er eders sikre fordærv—
NILS STENSSØN.
Lige godt! *Hun* har al rådighed over mig—
NILS LYKKE *(bydende)*
Og *jeg*?
NILS STENSSØN.
Mit ord holder jeg; lid på det. Hemmeligheden skal ikke komme over min mund, før I selv løser mig. Men hun er min moder!
NILS LYKKE *(afsides)*
Og Jens Bjelke, som lurer på vejen! Forbandet! Han snapper mig byttet af hænderne—
(til fru Inger.)
Vent til imorgen!
FRU INGER *(til Nils Stenssøn)*
Grev Sture,—vil I lyde mig, eller ej?

NILS STENSSØN.
Tilhest!
(han går op mod baggrunden.)
NILS LYKKE *(afsides)*
Den ulykkelige! Han véd ikke, hvad han gør.
(til fru Inger.)
Nu, siden det skal så være,—lev vel!
(han bøjer sig hurtig og vil gå.)
FRU INGER *(holder ham tilbage)*
Nej, stans! Ikke så, herr ridder,—ikke så!
NILS LYKKE.
Hvad mener I?
FRU INGER *(med dæmpet stemme)*
Nils Lykke,—I er en forræder! Stille! Lad ingen mærke, at der er uro i høvedsmændenes lejr. Peder Kanzlers tillid har I vundet ved en djævelsk list, som jeg ikke mægter gennemskue. I har tvunget mig til at øve oprørsfærd,—ikke for at støtte vor sag, men for at fremme eders egne anslag hvilke de end monne være. Jeg kan ikke længer træde tilbage. Men tro ikke derfor, at I har sejret! Jeg skal vide at gøre eder uskadelig—.
NILS LYKKE *(lægger uvilkårligt hånden på sværdet)*
Fru Inger!
FRU INGER.
Vær rolig, herr rigsråd! Det gælder ikke livet. Men udenfor Østråts porte kommer I ikke, før sejren er vor.
NILS LYKKE.
Død og ulykke!
FRU INGER.
Al modstand er unyttig. I slipper ikke herfra. Forhold eder derfor stille; det er det klogeste, I kan gøre.
NILS LYKKE *(hen for sig)*
Ah,—jeg er overlistet. Hun har været snedigere end jeg.
(en tanke skyder op i ham.)
Men om jeg endda—?
FRU INGER *(sagte til Olaf Skaktavl).*
Følg grev Stures trop lige til grænsen. Drag så uopholdelig til Peder Kanzler og bring mig mit barn. Nu har han ikke længer nogen grund til at forholde mig, hvad mit er.
(tilføjer, da Olaf Skaktavl vil gå:)

Vent; et kendemærke—. Den, der bærer Sten Stures ring, det er den rette.
OLAF SKAKTAVL.
Ved alle hellige, I skal få ham!
FRU INGER.
Tak,—tak, min trofaste ven!
NILS LYKKE *(til Finn, hvem han ubemærket har kaldt til sig, og med hvem han har hvisket)*
Altså,—se at liste dig ud. Lad ingen se dig. En fjerdingvej herfra ligger Svenskerne i baghold. Fortæl befalingsmanden, at grev Sture er død. Den unge mand *der* må ikke antastes. Sig befalingsmanden *det*. Sig ham, at junkerens liv er mig tusender værd.
FINN.
Det skal ske.
FRU INGER *(der imidlertid har holdt øje med Nils Lykke)*
Og rejs nu alle med Gud!
(pegende på Nils Lykke.)
Denne ædle ridder *der* kan ikke bekvemme sig til så hastig at forlade sine venner på Østråt. Han vil vente her hos mig til sejersbudskabet kommer.
NILS LYKKE *(for sig selv)*
Djævel!
NILS STENSSØN *(griber hans hånd)*
Tro mig,—I skal ikke komme til at vente længe!
NILS LYKKE.
Det er godt; det er godt!
(afsides.)
Alt kan endnu vindes. Hvis bare mit bud kommer betids til Jens Bjelke—
FRU INGER *(til fogden Ejnar Huk, pegende på Finn)*
Og han *der* hensættes under sikker bevogtning i borgekælderen.
FINN.
Jeg?
FOGDEN OG HUSKARLENE.
Finn!
NILS LYKKE *(sagte)*
Der brast mit sidste anker.

FRU INGER *(bydende)*
I borgekælderen!
(Ejnar Huk, Bjørn og et par af gårdsfolkene fører Finn ud til venstre.)
ALLE DE ØVRIGE *(undtagen Nils Lykke, idet de stormer ud til højre):*
Afsted! Tilhest,—tilhest! Hil være Inger Gyldenløve!
FRU INGER *(tæt forbi Nils Lykke, idet hun følger de bortdragende):*
Hvem sejrer?
NILS LYKKE *(står alene igen)*
Hvem? Ja, ve dig;—sejren blir dyrekøbt. *Jeg* vasker mine hænder. Det er ikke *mig*, som myrder ham.
Men mit bytte undslipper mig lige fuldt. Og oprøret vokser og breder sig!—Ah, det er et dumdristigt, et afsindigt spil, jeg her har indladt mig i!
(han lytter ved vinduet.)
Der rider de raslende ud igennem porten. —Nu stænges der efter dem;—og her står jeg igen som fange.
Ikke nogen mulighed for at slippe bort! Inden en halv time falder Svenskerne over ham. Han har treti vel væbnede ryttere med sig. Det vil gå på livet løst.
Men hvis de nu alligevel fangede ham levende?—Var jeg blot fri, så kunde jeg indhente Svenskerne, inden de nåde grænsen, og få ham udleveret.
(går op mod vinduet i baggrunden og ser ud.)
Fordømt. Vagt udenfor allevegne. Skulde der da ingen udvej være?
(går hurtig nedover gulvet igen; pludselig stanser han og lytter.)
Hvad er det? Sang og strengeleg. Det kommer ligesom over fra jomfru Elines kammer. Ja, det er hende, som synger. Altså oppe endnu—
(en tanke synes at gennemfare ham.)
Eline! Ah, hvis *det* gik an! Hvis det lod sig gøre, at—. Og hvorfor skulde det ikke lade sig gøre? Er jeg ikke endnu mig selv? I visen heder det:
Hver en skøn-jomfru sukker så mod:
Gud give, Nils Lykke var mig huld og god!
Og *hun*—? —Eline Gyldenløve skal frelse mig!

(han går raskt men listende henimod den forreste dør til venstre.)

FEMTE AKT.

(Riddersalen. Det er fremdeles nat. Salen oplyses kun svagt af en armstage, der står på bordet til højre i forgrunden.)

(Fru Inger Gyldenløve sidder ved bordet, fordybet i tanker.)

FRU INGER *(efter et ophold)*
Den kløgtigste i landet kalder de mig. Jeg tror, jeg *er* det også. Den kløgtigste—. Der er ingen, som véd, hvorfor jeg er den kløgtigste. I mere end tyve år har jeg stridt for mit barns frelse. *Det* er nøglen til gåden. *Det* gir vid i panden, det! Vid? Hvor er min kløgt bleven af inat? Hvor har jeg min omtanke henne? Det ringer og suser for mine øren. Jeg ser skikkelser for mig, så livagtigt, at jeg kunde gribe i dem.
(hun springer op.)
Herre min Jesus,—hvad er dette? Er jeg ikke længer rådig over min forstand? Skulde det komme dertil, at jeg—?
(hun presser hænderne sammen om hovedet; derpå sætter hun sig atter og siger roligere:)
O, det er intet. Det går over. Det har ingen nød;—det går over. Hvor her er fredsælt i salen inat. Hverken fædre eller frænder ser truende på mig. Det trænges ikke at hænge dem indad imod væggen.
(hun rejser sig igen.)
Ja, vel var det, at jeg endelig tog mod til mig. Vi vil sejre;— og så står jeg ved målet. Jeg får mit barn igen.
(hun tager lyset for at gå, men stanser og siger hen for sig:)
Ved målet? Ved målet? At få ham tilbage? Kun *det*,—og så intet videre?
(sætter atter stagen på bordet.)
Dette flygtige ord, som Nils Lykke således kasted hen i vind og vejr—. Hvorledes kunde han se min ufødte tanke?
(sagtere.)

Kongemoder. —Kongemoder, sagde han. —Og hvorfor ikke? Har ikke min slægt før mig rådet som konger, om de end ikke bar kongenavnet? Har ikke *min* søn den samme adkomst til Sture-slægtens rettigheder, som den anden? I Guds øjne har han det, —så sandt der ellers er retfærd i himlen.
Og disse rettigheder har jeg i angstens stund fraskrevet ham. Jeg har med ødsel hånd bortskænket dem, som løsepenge for hans frihed.
Om de nu kunde vindes tilbage?—Vilde det fortørne himlen, om jeg—? Skal jeg tro, det kunde kalde nye trængsler ned over mig, ifald jeg—? —Hvem véd;—hvem véd! Det tør være sikrest at forsage.
(hun tager atter lyset.)
Jeg får jo mit barn igen. *Det* må være nok. Jeg vil søge hvile. Alle de forvovne tanker,—dem vil jeg sove fra mig.
(går mod baggrunden, men stanser oppe på gulvet og siger grublende:)
Kongemoder!
(hun går langsomt ud til venstre i baggrunden.)
(Efter et kort ophold kommer Nils Lykke og Eline Gyldenløve lydløst ind fra den forreste dør til venstre. Nils Lykke har en liden lygte i hånden.)
NILS LYKKE *(lyser spejdende omkring og hvisker):*
Alt er stille. Jeg må afsted.
ELINE.
O, så lad mig endnu en eneste gang se dig ind i øjnene, førend du forlader mig.
NILS LYKKE *(omfavner hende)*
Eline!
ELINE *(efter et lidet ophold)*
Kommer du aldrig mere til Østråt?
NILS LYKKE.
Hvor kan du tvile på det? Er du ikke fra nu af min trolovede?— Men vil du også være mig tro, Eline? Vil du ikke forglemme mig, inden vi atter mødes?
ELINE.
Om jeg *vil* være dig tro? Har jeg da længer nogen vilje? Mægted jeg vel at være dig utro, selv om jeg vilde det?—Du kom ved nattetid; du banked på min dør;—og jeg lukked dig ind. Du talte

til mig. Hvad var det du talte? Du stirred mig ind i øjet. Hvad var det for en gådefuld magt, der dåred mig og kogled mig ind som i et trolddoms-net?
(hun skjuler hurtig sit ansigt ved hans skulder.)
O, se ikke på mig, Nils Lykke! Du må ikke se på mig efter dette —. Tro, siger du? Du *har* mig jo. Jeg er jo *din;*— *må* være det—i al evighed.
NILS LYKKE.
Nu, ved min ridder-ære, så skal du også, inden året er omme, sidde som frue i min fædreneborg!
ELINE.
Ingen løfter, Nils Lykke! Sværg mig intet til.
NILS LYKKE.
Hvad fattes dig? Hvorfor ryster du så sørgmodigt med hovedet?
ELINE.
Fordi jeg véd, at de bløde ord, som dåred mit sind, dem har du tilhvisket mangfoldige før mig. Nej, nej, vredes ikke, du elskede! Jeg bebrejder dig intet, således som jeg gjorde, da jeg endnu ikke kendte dig. Nu skønner jeg jo, hvor højt du sigter over alle andre. Hvor kan elskov være*dig* andet end en leg og kvinden et legetøj?
NILS LYKKE.
Eline,—hør mig!
ELINE.
Jeg er vokset op under lyden af dit navn. Jeg hadede dette navn, fordi mig tykkedes, at alle kvinder krænkedes ved din færd. Og dog,—hvor forunderligt,—når jeg i drømme bygged op mit eget vordende liv, da var altid du min helt, uden at jeg selv vidste det. Nu skønner jeg det hele. Had var det ikke jeg følte. Det var en anende, gådefuld længsel efter dig, du eneste,—efter dig, som engang skulde komme for at forklare mig al livets herlighed.
NILS LYKKE *(afsides, idet han sætter lygten fra sig på bordet)*
Hvorledes er det fat med mig? Denne svimle, hendragende magt —. Er det således at føle kærlighed, da har jeg aldrig vidst det før i denne stund. —Skulde det ikke endnu være tid—? Ah, dette forfærdelige med Lucia!
(han synker ned i stolen.)
ELINE.
Hvad er det? Så tungt et suk—

NILS LYKKE.
O, intet,—intet!
Eline,—nu vil jeg skrifte ærligt for dig. Jeg har bedraget både med ord og med øjne, og til mangfoldige har jeg sagt, hvad jeg i denne nat har tilhvisket dig. Men tro mig—
ELINE.
Stille! Ikke mere derom. Min kærlighed er jo intet vederlag for den, du skænker mig. O nej; jeg elsker dig, fordi ethvert af dine øjekast er et kongebud, som byder det.
(hun lægger sig ned for hans fødder.)
O, lad mig endnu engang præge dette kongebud dybt i mit sind, skønt jeg vel véd, at herinde står det prentet for tid og for evighed.
Du gode Gud,—hvor jeg har været blind for mig selv! Endnu iaftes sagde jeg til min moder: "for at kunne leve må jeg bevare min stolthed". Hvad er da min stolthed? Er det at vide mine landsmænd fri, eller min slægt hædret over lande og riger? O, nej; nej! Min kærlighed er min stolthed. Den lille hund er stolt, når den tør sidde ved sin herres fødder og snappe brødsmuler af hans hånd. Således er også jeg stolt, så længe jeg tør sidde ved dine fødder, medens dine ord og dine øjne nærer mig med livsens brød. Se; derfor siger jeg til dig, hvad jeg nys sagde til min moder: "for at kunne leve må jeg bevare min kærlighed"; thi i den ligger min stolthed nu og alle dage.
NILS LYKKE *(drager hende op på sit skød)*
Nej, nej,—ikke for mine fødder, men ved min side er din plads, — og det, hvor højt skæbnen end kunde falde på at stille mig. Ja, Eline,—du har ført mig ind på en bedre vej; og vorder det mig engang forundt ved en berømmelig dåd at sone, hvad jeg i min vilde ungdom har øvet, da skal hæderen være din og min tilhobe.
ELINE.
O, du taler, som om jeg endnu var den Eline, der iaftes slængte blomsterkosten for din fod.
I mine bøger har jeg læst om det brogede liv i fjerne lande. Under hornets klang stævner ridderen ud i den grønne lund med falken på sin hånd. Således stævner også du gennem livet; —dit navn klinger foran dig, hvor du drager hen. —Alt, hvad *jeg* begærer af denne herlighed, er at få hvile som falken

ved din arm. Som *den* var også *jeg* blind for lyset og for livet, indtil du løste bindet fra mine øjne og lod mig svinge mig op over løvtoppene. —Men, tro mig,—hvor dristigt jeg end spiler mine vinger, så vender jeg dog altid tilbage til mit bur.
NILS LYKKE *(rejser sig)*
Så byder jeg også forgangenheden trods! Se her;—tag denne ring, og vær *min* for Gud og mennesker,—*min*—selv om de døde skulde få urolige drømme derover.
ELINE.
Du gør mig ilde tilmode. Hvad er det, som—?
NILS LYKKE.
Det er intet. Kom nu; lad mig sætte ringen på din finger. —Se så; —nu har jeg fæstet dig!
ELINE.
Jeg Nils Lykkes brud! Det tykkes mig som en drøm, alt, hvad her er hændt i denne nat. O, men det er en fager drøm! Jeg er så let om brystet. Der er ikke længer bitterhed og had i min hu. Jeg vil gøre al min uret god igen. Jeg har været ukærlig mod min moder. Imorgen går jeg ind til hende; hun må forlade mig, hvad jeg har fejlet.
NILS LYKKE.
Og give sit minde til vor pakt.
ELINE.
Det vil hun. O, jeg tror det visst. Min moder er god; alle mennesker er gode;—jeg bærer ikke længere nag til nogen,— undtagen én.
NILS LYKKE.
Undtagen én?
ELINE.
Ak, det er en sørgelig fortelling. Jeg havde en søster—
NILS LYKKE.
Lucia?
ELINE.
Kendte du Lucia?
NILS LYKKE.
Nej, nej; jeg har kun hørt hende nævne.
ELINE.
Også hun gav sit hjerte til en ridder. Han bedrog hende;—nu er hun i himlen.

NILS LYKKE.
Og du—?
ELINE.
Jeg hader ham.
NILS LYKKE.
Had ham ikke! Er der barmhjertighed i dit sind, så tilgiv ham, hvad han har syndet. Tro mig, han bærer straffen i sit eget bryst.
ELINE.
Ham tilgiver jeg aldrig! Jeg *kan* ikke, selv om jeg vilde det; thi så dyrt har jeg svoret—
(lyttende.)
Hys! Kan du høre—?
NILS LYKKE.
Hvilket? Hvor?
ELINE.
Udenfor; langt borte. Der rider mange mænd *på* landevejen.
NILS LYKKE.
Ah, det er *dem!* Og jeg, som glemmer—! Hidover kommer de. Så er der stor fare! Jeg må afsted!
ELINE.
Men hvorhen? O, Nils Lykke, hvad dølger du—?
NILS LYKKE.
Imorgen, Eline—; thi, ved Gud, da kommer jeg igen. —Nu hurtig,—hvor er løngangen, som du nævnte?
ELINE.
Gennem gravkælderen. Se,—her er lemmen—
NILS LYKKE.
Gravkælderen!
(for sig selv.)
Lige godt; reddes må han!
ELINE (ved vinduet)
Rytterne er lige udenfor—
(hun rækker ham lygten.)
NILS LYKKE.
Nu velan—
(han begynder at stige ned.)
ELINE.
Gå frem gennem gangen indtil kisten med dødningehovedet og det sorte kors; det er Lucias—

NILS LYKKE
(stiger hurtig op og slår lemmen i)
Lucias! Fy—!
ELINE.
Hvad siger du?
NILS LYKKE.
O, intet. Det var liglugten, som gjorde mig svimmel.
ELINE.
Hør; nu hamrer de på porten!
NILS LYKKE *(lader lygten falde)*
Ah, det er for sent—!
(Kammersvenden Bjørn kommer ilsomt med lys i hånden fra højre.)
ELINE *(imod ham)*
Hvad er det, Bjørn? Hvad er det?
BJØRN.
Overfald! Grev Sture—
ELINE.
Grev Sture? Hvad han?
NILS LYKKE.
Har de dræbt ham?
BJØRN *(til Eline)*
Hvor er eders moder?
TO HUSKARLE *(indstyrtende fra højre)*
Fru Inger! Fru Inger!
FRU INGER GYLDENLØVE *(med en tændt armstage i hånden, kommer ind gennem den øverste dør til venstre og siger hurtig:)*
Jeg véd alting. Ned i borggården med jer! Hold porten åben for vore venner, men lukket for alle andre.
(hun sætter stagen på bordet til venstre. Bjørn og begge huskarlene går ud igen til højre.)
FRU INGER *(til Nils Lykke)*
Det var altså snaren, herr rigsråd!
NILS LYKKE.
Inger Gyldenløve, tro mig—!
FRU INGER.
Et baghold som skulde fange ham op, så snart I havde fået hint tilsagn, der kan fælde mig!

NILS LYKKE *(idet han tager papiret frem og river det istykker)*
Her er eders tilsagn. Jeg beholder intet, som kan vidne imod eder.
FRU INGER.
Hvad gør I?
NILS LYKKE.
Jeg beskærmer eder fra denne stund. Har jeg forsyndet mig imod eder,—nu, ved himlen, så vil jeg også prøve på at oprette min brøde. Men ud *må* jeg nu, om jeg så skal *hugge* mig igennem porten! —Eline,—sig din moder alt! —Og I, fru Inger, lad vort regnskab være glemt! Vær højmodig—og taus! Tro mig, I skal komme til at vide mig stor tak, før dagen gryr.
(han går skyndsomt ud til højre.)
FRU INGER *(ser hoverende efter ham)*
Ret så! Jeg forstår ham!
(vender sig til Eline.)
Nils Lykke—? Nu—?
ELINE.
Han har banket på min dør og sat denne ring på min finger.
FRU INGER.
Og han har dig kær af hjertet?
ELINE.
Det har han sagt, og jeg tror ham.
FRU INGER.
Snildt handlet, Eline! Ha-ha, min herr ridder, nu begynder *jeg!*
ELINE.
Min moder,—I er så besynderlig. O, ja, jeg véd nok,—det er min ukærlige færd, som har fortørnet eder.
FRU INGER.
Visst ikke, kære Eline! Du er en lydig datter. Du har lukket ham ind; du har hørt på hans fagre ord. Jeg fatter tilfulde, hvad det har kostet dig; thi jeg kender jo dit had—
ELINE.
Men, min moder—!
FRU INGER
Stille! Vi har mødt hinanden i vore anslag. Hvorledes bar du dig ad, mit kløgtige barn? Jeg så elskoven lyse ud af ham. Hold ham nu fast! Drag ham tættere og tættere ind i garnet; og så—. Ah, Eline, om vi kunde slide hans ménsvorne hjerte sønder i brystet

på ham!
ELINE.
Ve mig;—hvad er det I siger?
FRU INGER
Lad ikke modet svigte dig. Hør på mig. Jeg véd ordet, som skal holde dig oppe. Så vid da—
(lyttende.)
Nu kæmper de udenfor porten. Besindighed! Snart gælder det —
(hun vender sig atter til Eline.)
Vid da, Nils Lykke var den, der lagde din søster i graven.
ELINE *(med et skrig)*
Lucia!
FRU INGER.
Det var ham, så sandt der er en hævner over os!
ELINE.
Da stå mig himlen bi!
FRU INGER *(forfærdet)*
Eline—?!
ELINE.
Jeg er hans trolovede for Gud.
FRU INGER.
Ulykkelige barn,—hvad har du gjort?
ELINE *(med dump røst)*
Forbrudt mit hjertes fred. —God nat, min moder!
(hun går ud til venstre.)
FRU INGER.
Ha-ha-ha—! Det bærer nedad bakke med Inger Gyldenløves slægt. *Det* var den sidste af mine døtre.
Hvorfor kunde jeg ikke tiet? Havde hun intet vidst, så var hun kanske bleven lykkelig—på en måde.
Det skulde så være. *Det* står skrevet hist oppe i stjernerne, at jeg skal bryde den ene grønne gren efter den anden, indtil stammen står bladløs tilbage.
Lad gå; lad gå! Nu får jeg min søn igen. På de andre, på mine døtre vil jeg ikke tænke.
Regnskab? Gøre regnskab?—Ah, det er først på den store uvejrsdag—. Det varer længe, førend *den* kommer.

NILS STENSSØN *(råber udenfor til højre)*
Hej,—slå porten i!
FRU INGER.
Grev Stures røst—!
NILS STENSSØN *(våbenløs og med forrevne klæder, kommer indstyrtende og råber med fortvilet latter:)*
Vel mødt igen, Inger Gyldenløve!
FRU INGER.
Hvad har I tabt?
NILS STENSSØN.
Mit rige og mit liv!
FRU INGER.
Og bønderne? Mine svende;—hvor har i dem?
NILS STENSSØN.
Ådslerne vil I finde langs landevejen. Hvem der har taget resten, skal jeg ikke kunne sige jer.
OLAF SKAKTAVL *(udenfor til højre)*
Grev Sture! Hvor er I?
NILS STENSSØN.
Her; her!
OLAF SKAKTAVL
(kommer med et klæde om sin højre hånd).
FRU INGER.
Ak, Olaf Skaktavl, også I—!
OLAF SKAKTAVL.
Det var ugørligt at slippe igennem.
FRU INGER.
I er såret, ser jeg!
OLAF SKAKTAVL.
Å, jeg har en finger mindre; det er det hele.
NILS STENSSØN.
Hvor er Svenskerne?
OLAF SKAKTAVL.
I hælene på os. De bryder porten op—
NILS STENSSØN.
O, Jesus! Men nej, nej! Jeg *kan* ikke,—jeg *vil* ikke dø!
OLAF SKAKTAVL.
Et smuthul, fru Inger! Er her ingen krog, hvor vi kan dølge ham?

FRU INGER.
Men dersom de gennemsøger gården—?
NILS STENSSØN.
Ja, ja; så vil de finde mig! Og at slæbes bort til fangenskab, eller at klynges op—! O nej, Inger Gyldenløve,—det véd jeg forvisst, —det vil I aldrig tåle!
OLAF SKAKTAVL *(lyttende)*
Nu brast låsen.
FRU INGER *(ved vinduet)*
Der stormer mange mennesker ind i portrummet.
NILS STENSSØN.
Og *nu* at lade mit liv! Nu, da det først ret skulde begynde! Nu, da jeg så nylig har fået vide, at jeg har noget at leve for. Nej, nej, nej!—Tro ikke, at jeg er fejg, Inger Gyldenløve! Hvis der bare måtte forundes mig så mange levedage, at jeg—
FRU INGER.
Jeg hører dem alt nedenunder i borgestuen.
(bestemt til Olaf Skaktavl.)
Han *må* reddes—hvad det end skal koste.
NILS STENSSØN *(griber hendes hand)*
O, det vidste jeg nok;—I er ædel og god!
OLAF SKAKTAVL.
Men hvordan? Når vi ikke kan skjule ham—
NILS STENSSØN.
Ah, jeg har det; jeg har det! Hemmeligheden—!
FRU INGER.
Hemmeligheden?
NILS STENSSØN.
Ja visst; eders og min!
FRU INGER.
Krist i himlen,—kender I den?
NILS STENSSØN.
Frå først til sidst. Og nu, da livet står på spil—. Hvor er herr Nils Lykke?
FRU INGER.
Flygtet.
NILS STENSSØN.
Flygtet? Da stå Gud mig bi; thi kun ridderen kan løse min tunge. —Men livet er mere end et løfte værd! Når den svenske

høvedsmand kommer—
FRU INGER.
Hvad så? Hvad vil I gøre?
NILS STENSSØN.
Købe liv og frihed;—åbenbare ham alt.
FRU INGER.
O nej, nej;—vær barmhjertig!
NILS STENSSØN.
Der er jo ingen anden redning. Når jeg har fortalt ham, hvad jeg nu véd—
FRU INGER *(ser på ham med undertrykt bevægelse)*
Så er I frelst?
NILS STENSSØN.
Ja, ja! Nils Lykke vil tale min sag. I ser, det er det yderste middel.
FRU INGER *(fattet og med eftertryk)*
Det yderste middel? I har ret;—det yderste middel tør hvermand friste.
(peger op mod venstre.)
Se, derinde kan I skjule eder så længe.
NILS STENSSØN *(dæmpet)*
Tro mig,—aldrig skal I komme til at angre eders færd.
FRU INGER *(halvt for sig selv)*
Det give Gud, I sagde sandhed!
(Nils Stenssøn går hurtig ud gennem den øverste dør til venstre. Olaf Skaktavl vil følge efter; men fru Inger holder ham tilbage.)
FRU INGER.
Forstod I, hvad han mente?
OLAF SKAKTAVL.
Den niding! Han forråder eders hemmelighed. Han vil ofre eders søn for at frelse sig selv.
FRU INGER.
Når det gælder livet, sagde han, så må det yderste middel forsøges. —Godt og vel, Olaf Skaktavl,—det ske, som han sagde!
OLAF SKAKTAVL.
Hvad mener I?
FRU INGER.
Liv mod liv! Én af dem må gå under.

OLAF SKAKTAVL.
Ah,—I vil—?
FRU INGER.
Hvis ikke han derinde gøres stum, forinden han får den svenske høvedsmand i tale, så er min søn tabt for mig. Ryddes han derimod tilside, så vil jeg med tiden gøre fordring på alle hans adkomster til fromme for mit eget barn. Da skal I se, at der endnu er malm i Inger Ottisdatter. Lid på det,—længe skal I ikke komme til at bie på den hævn, som I nu i tyve år har tørstet efter. —Hører I? Der kommer de opover trapperne! Olaf Skaktavl,— det hviler på eder, om jeg imorgen skal være som en barnløs kvinde eller—
OLAF SKAKTAVL.
Det ske! Jeg har endnu en rørig næve i behold.
(rækker hende hånden.)
Inger Gyldenløve,—ved mig skal ikke eders navn dø ud.
(han går ind i værelset til Nils Stenssøn.)
FRU INGER *(bleg og rystende)*
Tør jeg også vove—?
(der høres larm i værelset; hun iler med et skrig henimod døren.)
Nej, nej,—det må ikke ske!
(et tungt fald høres derinde; hun dækker ørerne til med begge hænder og iler med et fortvilet blik fremover gulvet igen. Efter et ophold tager hun forsigtigt hænderne bort, lytter atter og siger sagte:)
Nu er det forbi. Alting er stille derinde. —Du så det, Gud,—jeg betænkte mig! Men Olaf Skaktavl var for rap på hånden.
OLAF SKAKTAVL
(kommer taus ind i salen).
FRU INGER *(lidt efter, uden at se på ham)*
Er det gjort?
OLAF SKAKTAVL.
For ham kan I være tryg;—han forråder ingen.
FRU INGER *(som før)*
Han er altså stum?
OLAF SKAKTAVL.
Seks tommer stål i brystet. Jeg fældte ham med min venstre hånd.

FRU INGER.
Ja, ja,—den højre var også for god til sligt.
OLAF SKAKTAVL.
Det må I om;—tanken var eders. —Og nu til Sverig! Fred med jer så længe! Når vi næste gang træffes på Østråt, kommer jeg selv anden.
(han går ud gennem den øverste dør til højre.)
FRU INGER.
Blod på mine hænder. Dertil skulde det altså komme!—Han begynder at blive mig dyrekøbt nu.
(Kammersvenden Bjørn kommer med nogle svenske krigsknægte ind gennem den forreste dør til højre.)
EN AF KRIGSKNÆGTENE.
Tilgiv, hvis I er husets frue—
FRU INGER.
Er det grev Sture, I leder efter?
KRIGSKNÆGTEN.
Det er så.
FRU INGER.
I er i så fald ikke på vildspor. Greven har søgt tilflugt hos mig.
KRIGSKNÆGTEN.
Tilflugt? Forlad, min højædle frue,—men den mægter I ej at give ham; thi—
FRU INGER.
Hvad I der siger, har nok greven selv begrebet; og derfor har han,—ja, se selv efter—, derfor har han aflivet sig.
KRIGSKNÆGTEN.
Aflivet sig?
FRU INGER.
Se selv efter, som jeg sagde. Der inde vil I finde liget. Og da han nu allerede er stedet for en anden dommer, så er det min bøn, at han føres herfra med al den ære, som det sømmer sig hans adelige byrd. —Bjørn, du véd, i lønkamret har min egen kiste stået rede i mange år.
(til krigsknægtene.)
I den beder jeg, at I vil føre grev Stures lig til Sverig.
DEN FORRIGE KRIGSKNÆGT.
Det skal ske, som I byder.

(til en af de andre.)
Løb du med dette budskab til herr Jens Bjelke. Han holder med resten af rytterne borte på landevejen. Vi andre får gå her ind og—
(en af krigsknægtene går ud til højre; de øvrige går med Bjørn ind i værelset til venstre.)
FRU INGER *(går en stund taus og urolig omkring på gulvet)* Dersom ikke grev Sture sådan i en skynding havde sagt verden farvel, så var han inden en måned klynget op i galgen eller sat i bur for sin levetid. Havde han været bedre tjent med en slig lod? Eller også havde han købt sig fri ved at spille mit barn i mine fienders vold. Er det så *mig*, der har dræbt ham? Værner ikke ulven selv om sin yngel? Hvo tør da fælde dommen over mig, fordi jeg hug en klo i den, der vilde røve mit kød og blod?—Det er noget, som *måtte* så være. Enhver moder havde gjort som jeg. Men det er ikke tid til ørkesløse tanker nu. Virke må jeg.
(hun sætter sig ved bordet til venstre.)
Jeg vil skrive til alle venner rundt om i landet. Alle må de nu rejse sig og støtte den store sag. En ny konge—; rigsstyrer først, og så konge—
(hun begynder at skrive, men stanser tankefuld og siger sagte:)
Hvem vil de vælge i den dødes sted? —Kongemoder—? Det er et vakkert ord. Der er kun én hage ved det;—denne hæslige lighed med et andet ord. —Konge*moder* og— konge*morder*. — Kongemorder,— det er den, der tager en konges liv. Kongemoder,— det er den, der skænker en konge livet.
(hun rejser sig.)
Nu vel; jeg vil give vederlag for, hvad jeg har taget. —Min søn skal vorde konge!
(hun sætter sig igen og tager fat på arbejdet, men lægger det atter fra sig og læner sig tilbage i stolen.)
Det er altid noget uhyggeligt, så længe en ligger lig i et hus. Det er derfor jeg kender mig så selsomt tilmode.
(vender hovedet hvast til siden, som om hun talte til nogen.)
Ikke det? Hvoraf skulde det ellers komme?
(grublende.)
Er der da så stor en forskel på at fælde en fiende og at slå en ihjel? Knut Alfsøn havde med sit sværd kløvet mangen pande; og dog var hans egen så rolig som et barns. Hvorfor ser jeg da

altid dette—
(gør en bevægelse, som når man hugger til med en kniv.)
—dette stød imod hjertet—og så den røde blodflom bagefter?
(hun ringer og vedbliver at tale, idet hun rager om mellem papirerne.)
Herefter vil jeg ikke vide noget af slige stygge syner. Jeg vil være virksom både dag og nat. Og om en måned—om en måned kommer min søn til mig—
BJØRN *(træder ind)*
Var det eder, som ringede, min frue?
FRU INGER *(skrivende)*
Du skal hente flere lys. Herefterdags vil jeg have mange lys i stuen.
(Bjørn går ud igen til venstre.)
FRU INGER *(efter en stund, rejser sig med heftighed)*
Nej, nej, nej;—jeg kan ikke føre pennen inat! Det brænder og værker i mit hoved—
(opskræmt, lyttende.)
Hvad er *det*? Å, de skruer låget til på kisten derinde. Dengang jeg var barn, fortalte de mig eventyret om ridder Åge, som kom med kisten på sin bag. —Dersom nu han derinde en nat fik det indfald at komme med kisten på sin bag og takke for lån?
(ler stille.)
Hm,—vi voksne har ikke noget med vor børnetro at skaffe.
(heftigt.)
Men slige eventyr duger alligevel ikke! De volder urolige drømme. Når min søn vorder konge, skal de forbydes.
(hun går et par gange frem og tilbage; derpå åbner hun vinduet.)
Hvor længe plejer det gemenligen vare, forinden et lig begynder at rådne? Alle stuer skal luftes ud. Så længe ikke det er gjort, er det usundt at leve her.
(Bjørn kommer ind med to tændte armstager, som han sætter på bordene.)
FRU INGER *(der atter har taget fat på papirerne):*
Det er ret. Lad mig se du kommer ihug, hvad jeg sagde dig. Mange lys på bordet! —Hvad tager de sig nu for derinde?
BJØRN.
De holder endnu på at skrue kistelåget fast.

FRU INGER *(skrivende)*
Skruer de det *godt* fast?
BJØRN.
Så godt, som det behøves.
FRU INGER.
Ja, ja,—du kan ikke vide, hvor godt det behøves. Se efter, at det gøres forsvarligt.
(går hen til ham med hånden fuld af papirer og siger hemmelighedsfuldt:)
Bjørn, du er en gammel mand; men jeg vil lægge dig én ting på hjerte. Vær på din post mod alle mennesker,—både mod dem, som *er* døde og mod dem, som *skal* dø. —Gå nu ind—gå ind og se efter, at de skruer kistelåget godt fast.
BJØRN *(sagte, hovedrystende)*
Jeg kan ikke blive klog på hende.
(han går atter ind i værelset til venstre.)
FRU INGER *(begynder at forsegle et brev, men kaster det halvfærdigt fra sig, går en stund op og ned, derpå siger hun med heftighed):*
Dersom jeg var fejg, så havde jeg aldrig i evighed gjort dette her! Dersom jeg var fejg, så havde jeg skreget til mig selv: hold inde, mens du endnu har en slump salighed i behold for din sjæl!
(hendes øje falder på Sten Stures billede; hun undviger synet og siger sagte:)
Der ler han livagtigt ned til mig! Fy!
(hun vender billedet om mod væggen uden at se på det.)
Hvorfor lo du? Var det, fordi jeg handled ilde med din søn? Men den anden,—er ikke også han din søn? Og han er *min* tillige; mærk dig det!
(hun skotter stjålent henover billedrækken.)
Så vilde, som inat, har jeg aldrig set dem før. De har øjnene med mig, hvor jeg står og går.
(stamper i gulvet.)
Men jeg vil ikke vide af det! Jeg vil have fred i mit hus!
(begynder at vende alle billederne indad mod væggen.)
Ja, om det så var den hellige jomfru Maria selv—. Synes du det *nu* er på tide—? Hvorfor hørte du aldrig mine bønner, når jeg så brændende bad om at få mit barn tilbage? Hvorfor? Fordi munken i Wittenberg har ret: Der er ingen mellem Gud og

menneskene!
(hun ånder tungt og vedbliver under stedse stigende vildelse:)
Det er såre godt, at jeg véd besked om de ting. Der er ingen, som har set, hvad der gik for sig derinde. Der er ingen, som kan vidne imod mig.
(breder pludselig armene ud og hvisker:)
Min søn! Mit elskede barn! Kom til mig! Her er jeg!—Hys! Jeg vil sige dig noget. Jeg er forhadt deroppe—hinsides stjernerne—fordi jeg fødte dig til verden. Det var meningen med mig, at jeg skulde bære Gud Herrens mærke over riget. Men jeg gik min egen vej. Det er derfor, jeg har måttet lide så meget og så længe.
BJØRN *(kommer fra værelset til venstre)*
Frue, jeg har at melde—. Krist fri mig,—hvad er dette?
FRU INGER *(der er stegen op i højsædet, som står ved væggen til højre):*
Stille; stille! Jeg er kongemoder. De har kåret min søn til konge. Det holdt hårdt, forinden det kom så vidt;—thi det var med den vældige selv, jeg havde at stride.
NILS LYKKE *(kommer åndeløs ind frå højre)*
Han er frelst! Jeg har Jens Bjelkes løfte. Fru Inger,—vid at—
FRU INGER.
Stille, siger jeg! Se, hvor det vrimler af mennesker.
(en ligsalme høres inde fra værelset.)
Nu kommer kroningstoget. Hvilken stimmel! Alle nejer de sig for kongemoderen. Ja, ja; hun har også stridt for sin søn—så længe til hun fik røde hænder deraf. —Hvor er mine døtre? Jeg ser dem ikke.
NILS LYKKE.
Guds blod,—hvad er her sket?
FRU INGER.
Mine døtre;—mine fagre døtre! Jeg har ingen mere. Jeg havde én igen, og hende misted jeg, da hun skulde stige i brudesengen.
(hviskende.)
Lucia lå lig i den. Der var ikke plads for to.
NILS LYKKE.
Ah,—dertil er det altså kommet! Herrens hævn har rammet mig.
FRU INGER.
Kan I se ham? Se, se! Det er kongen. Det er Inger Gyldenløves

søn! Jeg kender ham på kronen og på Sten Stures ring, som han bærer om halsen. —Hør, hvor lystigt det klinger. Han nærmer sig! Jeg har ham snart i min favn! Ha, ha,—hvem sejrer, Gud eller jeg?
(Krigsknægtene kommer ud med kisten.)
FRU INGER *(griber sig om hovedet og råber)*:
Liget!—
(hviskende.)
Fy; det er en hæslig drøm.
(hun synker ned i højsædet.)
JENS BJELKE *(som er trådt ind fra højre, stanser og råber overrasket)*:
Død! Altså dog—
EN AF KRIGSKNÆGTENE.
Selv har han—
JENS BJELKE *(med et blik til Nils Lykke)*
Han selv—?
NILS LYKKE.
Hys!
FRU INGER *(mat og besindende sig)*
Ja, rigtig;—nu kommer jeg det altsammen ihug.
JENS BJELKE *(til krigsknægtene)*
Sæt liget ned. Det er ikke grev Sture.
EN AF KRIGSKNÆGTENE.
Tilgiv, herr ridder;—men denne ring, som han bar om sin hals —
NILS LYKKE *(griber ham i armen)*
Ti; ti!
FRU INGER *(farer ivejret)*
Ringen? Ringen!
(hun iler hen og river den til sig.)
Sten Stures ring!
(med et skrig.)
O, Jesus Krist,—min søn!
(hun kaster sig ned over kisten.)
KRIGSKNÆGTENE.
Hendes søn?
JENS BJELKE *(på samme tid)*
Inger Gyldenløves søn?

NILS LYKKE.
Så er det.
JENS BJELKE.
Men hvorfor sagde I mig ikke—?
BJØRN *(der forsøger at løfte hende op):*
Hjælp; hjælp! Min frue,—hvad fattes eder?
FRU INGER *(med mat røst, idet hun hæver sig halvt ivejret):*
Hvad der fattes—? Én kiste til. En grav hos mit barn—
(Hun synker atter kraftløs ned over kisten. Nils Lykke går hurtig ud til højre. Almindelig bevægelse blandt de øvrige.)

Also available from JiaHu Books:

Det går an by Carl Jonas Love Almqvist
Drottningens Juvelsmycke by Carl Jonas Love Almqvist
Röda rummet – August Strindberg
Fröken Julie/Fadren/Ett dromspel by August Strindberg
Brand -Henrik Ibsen
Et Dukkhjem – Henrik Ibsen
(Norwegian/English Bilingual text also available)
Peer Gynt – Henrik Ibsen
Hærmændene på Helgeland – Henrik Ibsen
Synnøve Solbakken - Bjørnstjerne Bjørnson
The Little Mermaid and Other Stories (Danish/English Texts) - Hans-Christian Andersen
Egils Saga (Old Norse and Icelandic)
Brennu-Njáls saga (Icelandic)
Laxdæla Saga (Icelandic)
Die vlakte en andere gedigte (Afrikaans) - Jan F.E. Celliers

www.ingramcontent.com/pod-product-compliance
Lightning Source LLC
Chambersburg PA
CBHW031405040426
42444CB00005B/428